东方
文化符号

虎　丘

王稼句　著

江苏凤凰美术出版社

图书在版编目（CIP）数据

虎丘 / 王稼句著. -- 南京：江苏凤凰美术出版社，2025.2. -- (东方文化符号). -- ISBN 978-7-5741-1671-9

Ⅰ. K928.73

中国国家版本馆CIP数据核字第2024KF1061号

责 任 编 辑	李秋瑶
责 任 校 对	唐　凡
责 任 监 印	张宇华
设 计 指 导	曲闵民
责任设计编辑	赵　秘
丛 书 名	东方文化符号
书　　名	虎　丘
著　　者	王稼句
出版发行	江苏凤凰美术出版社（南京市湖南路1号　邮编：210009）
制　　版	南京新华丰制版有限公司
印　　刷	盐城志坤印刷有限公司
开　　本	889 mm×1194 mm　1/32
印　　张	5.375
版　　次	2025年2月第1版
印　　次	2025年2月第1次印刷
标准书号	ISBN 978-7-5741-1671-9
定　　价	88.00元

营销部电话　025-68155675　营销部地址　南京市湖南路1号
江苏凤凰美术出版社图书凡印装错误可向承印厂调换

目录

前　言……………………………… 001

第一章　山寺沧桑……………… 007

第二章　山前胜概……………… 051

第三章　山巅丽瞩……………… 088

第四章　山后风光……………… 109

第五章　山麓景色……………… 130

第六章　山塘岁华……………… 144

尾　声……………………………… 163

前　言

在天下山水名胜中，虎丘确乎是个异数。

它坐落于苏州城外西北隅，海拔仅34.3米，方圆不到19公顷，真渺乎小哉。范成大在《吴郡志》卷十六中就说："遥望平田，中一小丘。"但自古以来，虎丘就声名卓绝，不但被誉为"吴中第一名胜"，而且被推崇为天下名山之一。就以图绘来说，如明万历三十七年（1609）夷白堂刻本《新镌海内奇观》、崇祯六年（1633）墨绘斋摹刻本《天下名山胜概记》、光绪二十一年（1895）沈锡龄石印本《天下名山图咏》等，都有虎丘之图。坊刻图绘的流传，正反映了它在民间的广泛影响。

一座小丘能跻身天下名山之列，自然是有原因的。

首先，虎丘的自然风光独绝：虽突兀平壤，旁无延伸，却能环顾远眺；虽不高峻，却曲折幽深，树木葱郁，池涧错致。朱长文在《虎丘唱和题辞》中说："虎丘之景，盖有三绝：绝山之形不越冈陵，而登之者见层峰峭壁，势足千仞，一绝也；近临郛郭，蠹起原隰，旁无连属，万景都会，西联穹窿，北亘海虞，震湖沧洲，云气出没，廓然四顾，指掌千里，二绝也；剑池泓渟，彻海浸云，不盈不虚，终古湛湛，三绝也。"虎丘不但有"三绝"，还有"九宜"。李流芳在《江南卧游册题词四则》之"虎丘"中说："虎丘宜月，宜雪，宜雨，宜烟，宜春晓，宜夏，宜秋爽，宜落木，宜夕阳，无所不宜，而独不宜于游人杂沓之时。"这"三绝"和"九宜"说的都是自然之美。

其次，虎丘的人文遗迹丰富，自春秋吴国直至晚近，层层累积，构成独特的历史文化背景。若说帝王踪迹，有吴王阖闾、秦始皇、吴主孙权、清圣祖玄烨、清高宗弘历；若说佛门往事，有王氏舍宅、生公说法、宗顺开山、隆祖兴复，山寺废兴无常，而灯灯相传不替；若说风流艳史，唐有真娘，宋有徐兰，至明末清初更有卞玉京、董小宛、陈圆圆、沙嫩儿；若说文人渊薮，或寄寓，或经由，或宴集，或登临，贞珉翠墨，琳琅满目，诗文书画，汗牛充栋。故朱长文在"三绝"之后又补充了几句："兼是绝景，冠以浮屠僧舍精庐，重楼飞阁，碕礒崚嶒，梯岩架壑，东南之胜，罕出其右。故自晋、唐至于圣朝，儒先文士、宗工逸客风什相继。"

第三，也是更加重要的，是它的地理位置。谢肇淛在《五杂组》卷四中说："山川须生得其地，若在穷乡僻壤、轮蹄绝迹之处，埋没不称者多矣。如姑苏之虎丘、邹之大

虎丘（19世纪英国铜版画）　托马斯·阿罗姆

峥，培塿何足言？而地当舟车之会，遂令游咏赞赏，千载不绝，岂亦有幸不幸耶！"苏州自古繁华，其西北阊门内外，被《红楼梦》第一回称为"红尘中一二等富贵风流之地"，由阊门迤逦七里山塘，就到虎丘山下。因此，虎丘是最近郡城的一处名胜，游屐密迹，也就是当然的事了。袁宏道在《虎丘》一文中就说："虎丘去城，可七八里。其山无高岩邃壑，独以近城故，箫鼓楼船，无日无之。凡月之夜，花之晨，雪之夕，游人往来，纷错如织，而中秋为尤胜。"一年四季，游人云集，熙来攘往。不仅如此，但凡文人雅集、官绅祖饯、社团集会、艺人献技，莫不选址于此。

正由于这个缘故，虎丘虽是蕞尔之地、培塿之区，却

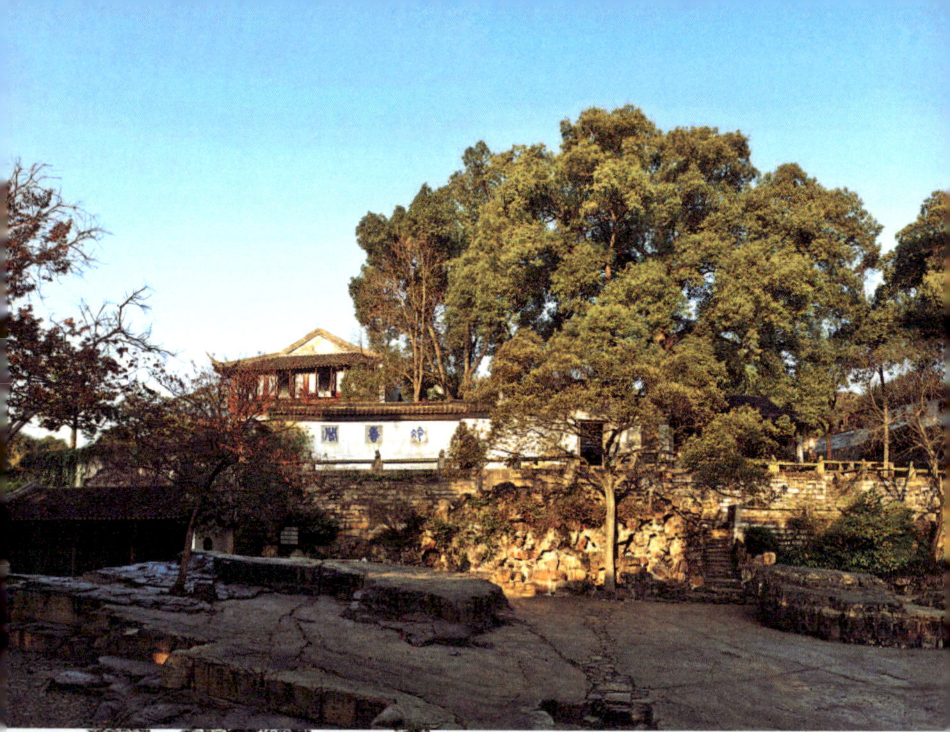

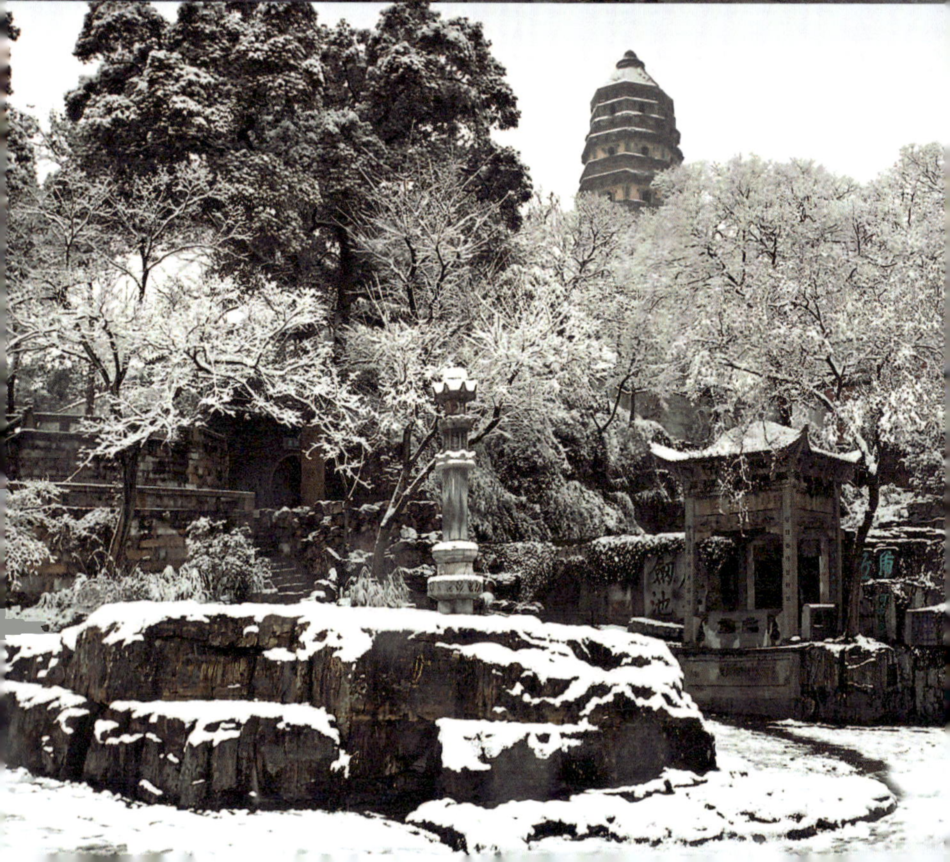

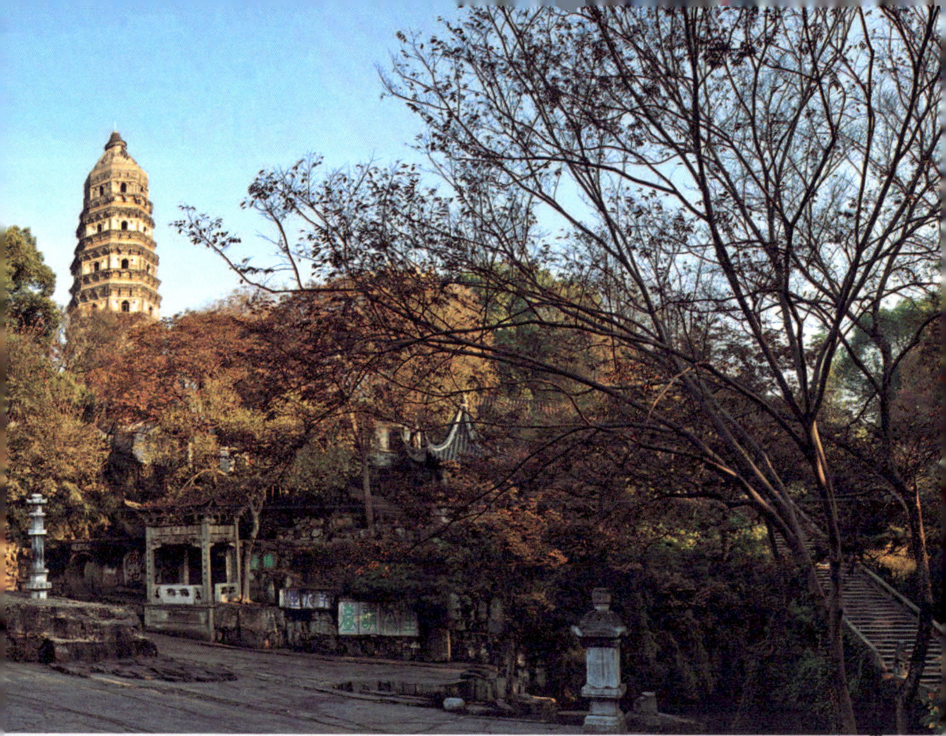

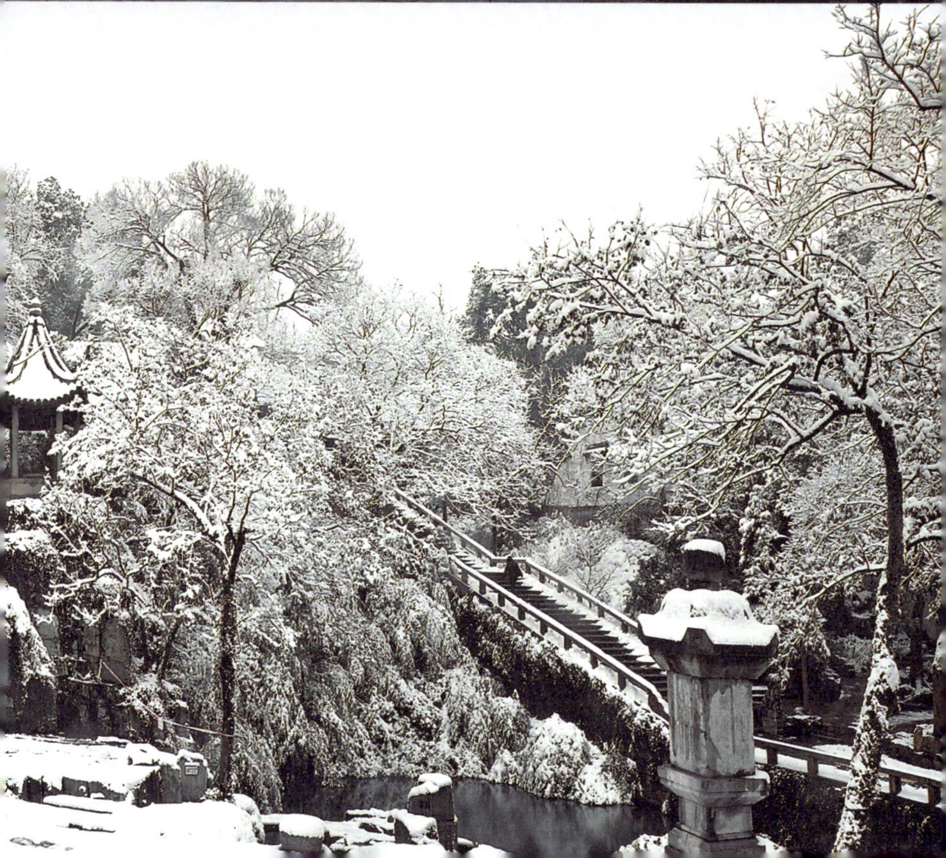

成为数得上的天下名胜所在。

说到虎丘的推介之功,历代名家诗文辞赋起了很大作用。另唐宋以来的本地方志,都有关于虎丘的记载。至明初,郡人王宾撰《虎丘山志》,这是第一部山志,经乡贡进士邑后学茹昂整理,刊刻于成化二十二年(1486)。自明及清,重辑山志的有文肇祉、周文歧、顾湄、顾诒禄等。乾隆年间陆肇域、任兆麟编纂的《虎阜志》,记载尤详。道光年间又有顾禄的《桐桥倚棹录》,增补了嘉道年间的情况。晚近以来,有陆璇卿《虎丘山小志》(1934年出版)和黄厚诚《虎丘新志》(1935年出版)等,对民国前期的情状又做了补充。林林总总,堪称"前人之说备矣"。

本书正文分六章,"山寺沧桑"以时间为经,"山前胜概""山巅丽瞩""山后风光""山麓景色"以空间为纬,"山塘岁华"则略说虎丘所处的具体社会生活环境。由于篇幅所限,有的只能点到为止。

第一章　山寺沧桑

虎丘突兀平原，景象很是奇特。张恨水在《湖山怀旧录》一文中就说："山塘处曰虎丘，妇孺能道之江南胜迹也。此山之所以奇，在平畴十里，突拥巨阜，山脉河自，乃不可寻。"苏州诸山均属天目山余脉，而虎丘却不同，据地质学家考证，是一亿四千万年前的中生代侏罗纪后期火山喷发堆积的火层岩。苏州的火成岩山丘，除虎丘外，还有阳山、真山等，山体都不大。火成岩复经地质作用形成流纹岩，如虎丘的千人石、点头石、试剑石都是如此。在此后的一亿多年中，今苏州一带又经多次海侵、海退的变迁，最后稳定为滨海陆地。到上古时代，当先民见到这座小山时，它正处于海边，仿佛是被波浪推到岸边的，因此称它为海涌山。

海涌山既由火成岩构成，又经海水的冲刷和风雨的剥蚀，就呈现石骨嶙峋的山貌。之后，植物在山体自然生长，久而久之，迟在春秋后期，就形成岩壑相间、石林交织、

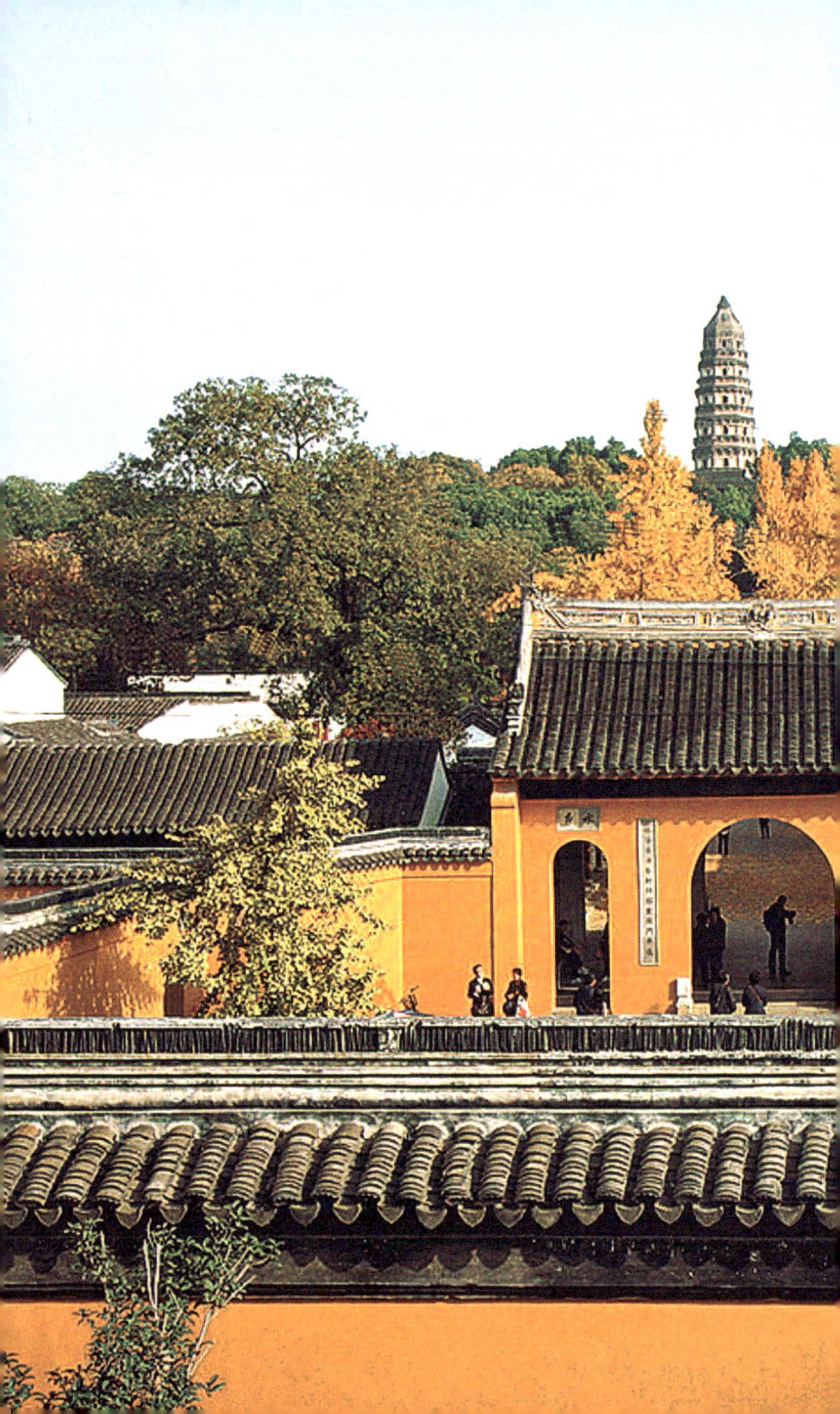

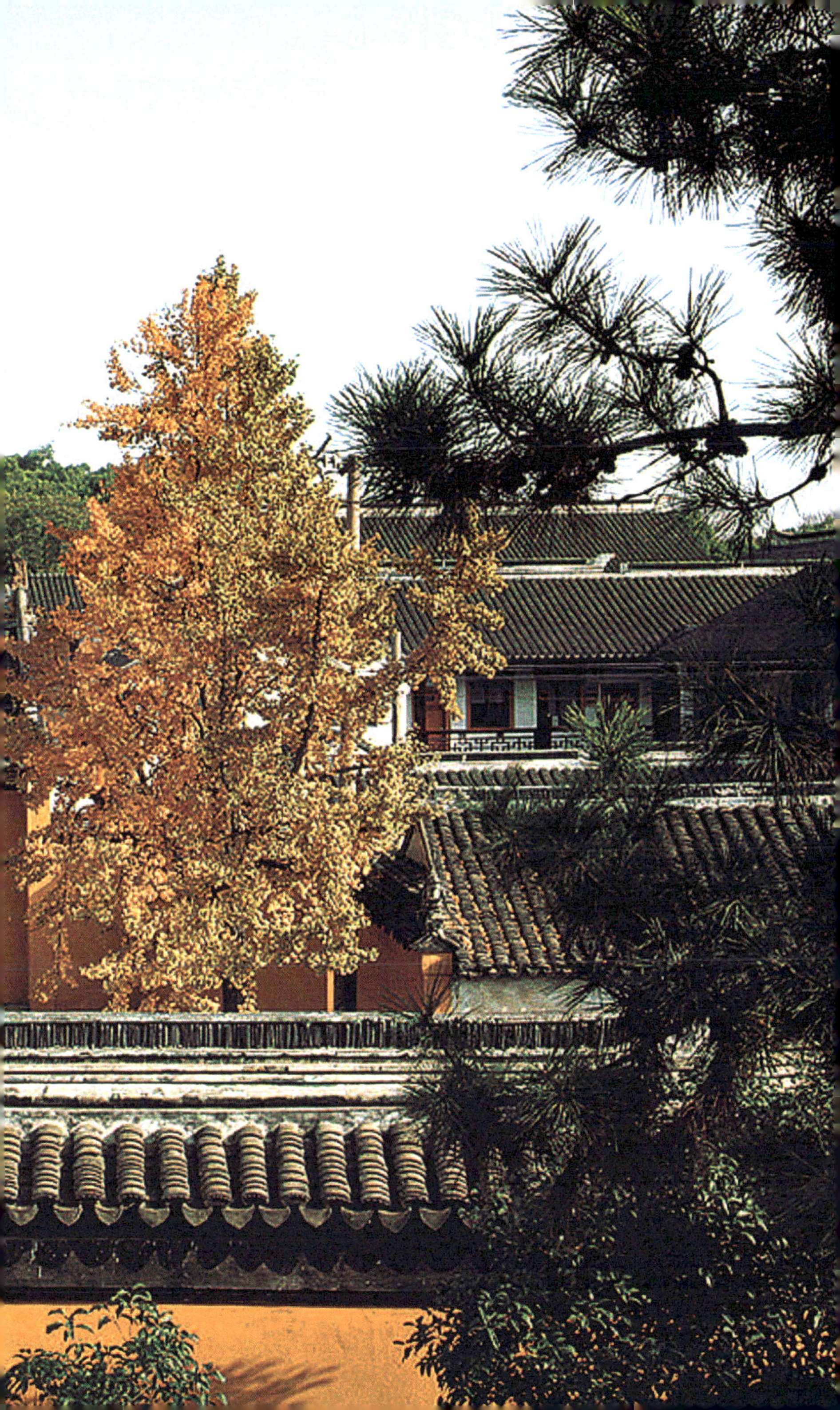

山低林密、鸟栖兽藏的风貌。

吴王阖闾在时，海涌山一带已为王陵区。《越绝书·外传记吴地传》中说，"阖庐冢：在阊门外，名虎丘"，"阖庐子女冢：在阊门外道北"。《太平御览》卷五百六十引吴地志言："阊门外女坟者，吴王阖闾女墓，乃以文石为椁，藏金玉珍玩，以人从死。高坟深池，池水成湖，故名曰女坟。"白居易的《武丘寺路宴留别诸妓》有"女坟湖北虎丘西"之咏。阖闾夫人墓亦当在此。任昉在《述异记》卷上说："阖闾夫人墓，中周回八里，别馆洞房，迤逦相属，漆灯照烂，如日月焉。尤异者，金蚕玉燕各千余双。"

周敬王二十四年（前496），阖闾率军攻越，不料兵败槜李，受重伤而亡。吴太子夫差继位后，就为父王营造陵墓。《越绝书·外传记吴地传》中说："阖闾冢：在阊门外，名虎丘。下池广六十步，水深丈五尺，铜椁三重，坟池六尺，玉凫之流、扁诸之剑三千，方圆之口三千。时耗、鱼肠之剑在焉，千万人治之，取土临湖口，筑三日，而白虎居上，故号为'虎丘'。"可见阖闾冢四周皆深池，再有一池水银以防腐，套在棺外的铜椁有三重，规制很高。顾炎武在《日知录》卷十一中说："吴门阖闾冢，铜椁三重。秦始皇冢，亦以铜为椁。"先秦时代葬用铜椁是不多的，墓室的情况则不得而知。《述异记》卷上记墓中有石铭曰："吴王之夜室也。呜呼！平吾君王，弃吾之邦，迁于重岗。维岗之阳，吾王之邦。"当然，这是谁也不知道的事。春秋侯王的墓葬都是凿山为穴，下葬后堆土。夫差为把虎丘整成巨大的坟山，对山体做了伤筋动骨的破坏。顾苓在《赠虎丘子旅上人序》中说："吴王夫差凿其巅，锢三泉，而封干将、镆邪于其下。"早先的虎丘要比现在高一点，山巅有峰石矗立，但让夫差命人给铲削了。

至于阖闾葬后三日，有白虎蹲踞其上，此白虎从何而来？《吴越春秋》载："阖闾葬虎丘，十万人治葬。经三日，金精化为白虎，蹲其上，因号'虎丘'。"这是说，由于随葬了大量金银器和宝剑，墓穴封闭后，金气上扬，幻形为白虎。从科学角度来看，这自然是妄说，想来也是夫差他们编排出来有意散布的，因为阖闾厚葬，地宫多宝物，为防盗墓，编个有虎守墓的神话出来，可以起到震慑作用。虽然古代江南虎踪不绝，即使到了南宋后期，周密在《癸辛杂识》别集上六还说"近岁平江虎丘有虎十余据之"，但当时十万人治冢，震天动地，即使有虎，应该也早已逃得无影无踪了。不管如何，虎丘这个山名就因此而落实了。

当吴国之世，虎丘一带属于王陵禁区，不许樵牧，不供游观。吴国灭亡后，那里更冷僻，人烟稀少。由于长时期的风雨剥蚀，被封土埋没的山岩重又裸露，有的地方被雨水冲成沟壑和溪涧，再加上野生植物遍山滋长，又恢复了自然山体的面貌。到了东晋咸安初，有王珣、王珉兄弟来山下建造别墅，此时距阖闾落葬已800多年了。

王珣，字元琳，小字法护，琅琊临沂人，乃丞相王导之孙、吴国内史王洽之子、谢安侄女婿、王羲之从侄。大司马桓温辟为主簿，从讨袁真，封望海县东亭侯。隆安元年进尚书令，加散骑常侍。卒赠司徒，谥献穆。其工书法，传世有《伯远帖》，今藏北京故宫博物院。

王珉，字季琰，小字僧弥。初辟州主簿，历官至侍中，代王献之为长兼中书令，世称献之为大令，其为小令。卒后，追赠太常。时人有"法护非不佳，僧弥难为兄"之语。

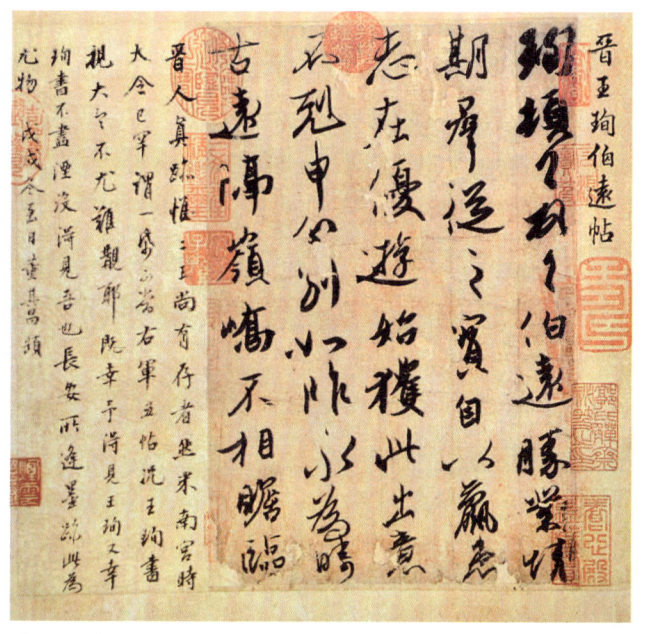

《伯远帖》　晋王珣

才名过其兄，工行书，所作《此年帖》《十八日帖》《何如帖》等刻入《淳化阁法帖》。

王氏兄弟当时住在城内日华里，即今景德路一带。由于东晋私家造园已渐成风气，故就择地虎丘各造一别墅。王珣造在东南的东山浜，王珉造在西北的后山，两家隔山而居，往来要绕山乘船。

对于当时虎丘的情形，《艺文类聚》卷八引王珣《虎丘记》言："山大势，四面周岭，南则是山径。两面壁立，交林上合。蹊路下通，升降窈窕，亦不卒至。"可知山上林木茂密，山道高低曲折，保持了原始生态。至顾恺之来游，认为它虽小而胜过西岳华山。《艺文类聚》卷八又引顾恺之《虎丘山序》曰："吴城西北，有虎丘山者，含真藏古，体虚穷玄。隐岐陵堆之中，望形不出常阜。至乃岩崿，绝于华峰。"

王氏兄弟就山建屋后，必定有所营建，但仅知王珣在山巅造了一座琴台。《广弘明集》卷十九王劭《舍利感应记》说："苏州于虎丘山寺起塔，其地是晋司徒王珣琴台。"王珉则在今大殿前栽了一株杉树。《吴郡志》卷九中说："虎丘寺古杉，在殿前，相传为晋王珉所植，唐末犹在，形状甚怪，不可图画。"

在王氏兄弟营建别墅之前，已有西域僧人在那里从事佛教传播活动。据《虎阜志》卷二上记载，生公池东南有翻经台，晋梵僧于此重译《法华经》。翻经台西有罗汉台，

《虎阜志》 乾隆五十七年（1792）初刻

晋有罗汉于此受戒。罗汉台南有池钵池，相传罗汉翻经时洗钵于此。只是他们的影响不大，法名失传，仅留下一点遗迹而已。当时佛教在江南已很兴盛，寺院也陆续建造起来，而舍宅为寺是当时流行的风气，被认为是大功德。两兄弟的父亲王洽就是虔诚的佛教徒，《广弘明集》卷三十五就收录他的一通《与林法师书》。王珣小字法护，王珉小字僧弥，可知他们家族是信仰佛教的。在舍宅为寺的流风下，两兄弟将他们在虎丘的别墅连同日华里的宅邸都施舍给了佛门。

两兄弟舍宅是在哪年呢？唐陆广微的《吴地记》、北宋朱长文的《吴郡图经续记》、南宋范成大的《吴郡志》等均说是咸和二年（327），元人高德基在《平江记事》中更明确说是"东晋成帝咸和二年二月二十五日"，但事实并非如此。咸和二年，王洽年仅5岁，何来其子舍宅之事？疑是"咸安二年"之误。咸安二年（372），王珣23

岁，王珉20岁，才有舍宅的可能性。据《佛祖历代通载》卷六记载，"戊辰，王珣与弟珉舍宅为寺，今虎丘是也"。"戊辰"乃太和三年（369），也有这个可能。

王氏兄弟一东一西两处别墅，分别改建为两座寺院，合称虎丘寺，也称东、西虎丘寺。建寺不久，西域沙门僧伽提婆就来讲经和译经。《开元释教录》卷三中说："时尚书令卫军东亭侯琅琊王珣，雅有信慧，荷持正法，建立精舍，广招学众。提婆既至，珣即延请，仍于其舍讲《阿毗昙》，名僧毕集。提婆宗致既精，词旨明析，振发义奥，众咸悦悟。其冬，珣集义学沙门释慧持等四十余人，更请提婆于是寺，译中增二阿含，罽宾沙门僧伽罗义执梵本，提婆翻为晋言，至来夏方讫。"这应该是虎丘寺较早有影响的佛事活动。当时，虎丘寺中还有西域僧人支昙籥。据《法苑珠林·呗赞篇·音乐部》记载，支昙籥是月支国音乐家，他将佛经编成六言歌词来唱，对民间的佛教传播起了很大作用。

当时，王氏兄弟十分敬重名僧道壹，延请他为虎丘寺住持。道壹是竺法汰高徒，随师姓竺，贞正有学业而晦迹隐智，《高僧传》卷五称"琅琊王珣兄弟深加敬事"。隆安中病卒。其弟子道宝，"聪慧素成，尤善席上。张彭祖、王季琰皆见推重，并著莫逆之交焉"。院中事务均由道宝料理。

道壹有师弟道生，人称生公，乃佛教史上有名的高僧。鸠摩罗什门下有"四圣""十哲"，他都在列。这里只说他与虎丘的关系。义熙五年（409），他至建康，住青园寺。当时凉译《涅槃大本》尚未传到南方，只有六卷《泥洹》先于义熙十四年（418）在建康译出，其中说除一阐提皆有佛性，"一阐提"指不信佛、无善根者。道生分析经文义理后，提出"一阐提人皆得成佛"。旧学大众以为他违背经说，将他摈出僧众。于是，道壹遂至吴郡。相传他在虎丘聚石为徒，讲《涅槃经》，说到阐提有佛性时，群石皆为之点头。直到元嘉七年（430），《涅槃大本》传到建业，其中果然说"阐提悉有佛性"，与生公先前的主张完全相合，大众才佩服他的卓越见识。

晋太元中，隐居在剡溪的书画家戴逵，为避征聘，来到吴郡。《晋书·戴逵传》中说："吴国内史王珣有别馆在武丘山，逵潜诣之，与珣游处积旬。"当时王珣"别馆"久已为寺，戴逵就住在寺里。这是关于寺院供俗客食宿的较早事例，可记入寺院制度史。

南朝的虎丘，仍以自然风光著称。《桐桥倚棹录》卷一引王珣之孙王僧虔《吴地记》说："虎丘山绝岩耸壑，茂林深篁，为江左丘壑之表。吴兴太守褚渊昔尝述职，路经吴境，淹留数日，登览不足，乃叹曰：'今之所称，多过其实。今睹虎丘，逾于所闻。'"虽然赞誉虎丘的人很多，但都难尽其妙。当时虎丘的生态环境良好，野生动物很多。据《南史·何胤传》记载，萧梁时，高士何胤在西寺讲经论学，"有虞人逐鹿，鹿径来趋胤，伏而不动。又有异鸟如鹤红色,集讲堂,驯狎如家禽"。

萧梁是江南佛教大发展时期,武帝崇信佛教,在境内大造佛寺。"南朝四百八十寺"的盛况,就是在那时形成的。在这样的大背景下,虎丘寺也发生了大变化。

当时东寺的住持是僧若,西寺的住持是僧旻,两位都精于佛学,又善讲经,深受朝廷和地方人士

戴逵像　清任熊《於越先贤像传赞》

的尊重。他们开始沿着山麓扩建寺宇僧寮,东寺向西、向北扩展,西寺向东、向南扩展,逐渐形成了"寺里藏山"的格局。高德基在《平江记事》中追述当时景象说:"山在寺中,门垣环绕,包罗胜概,先入寺门,而后登山。故张籍有诗云:'老僧只怕山移去,日暮先教锁寺门。'后人有诗云:'出城先见塔,入寺始登山。'僧志闲亦云:'中原山寺几多般,未见将山寺里安。'盖以天下名山胜刹,皆山藏寺,虎丘乃寺里登山,海内福地,未尝有也。"

梁陈之际,虎丘山上出现了最早的塔。张正见在《从永阳王游虎丘山》中有云:"远看银台竦,洞塔耀山庄。"

江总在《庚寅年二月十二日游虎丘山精舍》中亦云："贝塔涵流动，花台偏领芬。"至于起造岁月、建筑形制等，都无从考证。从中国佛塔建筑史来看，六朝塔大多为方形楼阁式木塔，以三层高最为常见。由于虎丘独立平野，遥遥就能望见，起着重要的地标作用，建了塔就更显著了，且成了苏州的一个象征。故剥蚀了要修复，毁废了要重建。

六朝文人已将虎丘作为诗酒文会之地。据《南史·顾越传》记载，顾越一度栖隐于虎丘，"与吴兴沈炯、同郡张种、会稽孔奂等，每为文会"。他们留下的诗文，对推广虎丘在全国的影响有很大作用。如《艺文类聚》卷八顾野王《虎丘山序》有言："若兹山者，高不概云，深无藏影，卑非培塿，浅异棘林。秀壁数寻，被杜兰与苔藓；椿枝十仞，挂藤葛与悬萝。曲涧潺湲，修篁荫映。路若绝而复通，石将颓而更缀。抑巨丽之名山，信大吴之胜壤。"这个评价流播深远。

公元589年，隋灭陈，江山一统。次年，江南发生动乱，隋文帝命越国公杨素率大军征讨。乱平后，杨素放弃苏州古城，在横山之东另建新城。虎丘距新城二十

顾野王像　清顾沅辑《吴郡名贤图传赞》

多里，水道间之，没有直达的交通线，就开始冷落起来了。

在杨素平乱过程中，虎丘寺遭到破坏，山上的木塔也被烧毁了。平乱以后，有高僧智聚住持东寺，人称其为"释门之瑚琏"。开皇十一年（591），文帝玺书劳问。大业五年（609），智聚卒，虞世南撰碑文。就在智聚住持东寺期间，山上的塔又重新建造起来。时值隋文帝为母庆寿，诏天下建舍利塔，分三次共113座，第一次在仁寿元年（601），长安及30州建塔31座，苏州置塔于虎丘寺，塔基在王珣琴台故址。据刘敦桢、张驭寰等考证，这批大隋舍利塔是统一设计，均为方形楼阁式木塔，高仅三层，体量不大。

隋唐之际，虎丘寺还有一位高僧智琰，8岁出家，后遍历名刹。陈亡后，归虎丘，面岩壑30载。杨素、苏威皆尝驻节山中，接其绪论。炀帝镇维扬，具币招致。因避兵，迁徙不常。唐武德七年（624），苏州总管李世嘉迎还山寺。智琰月月举行法会，每次有500多名信徒参加，直至贞观八年（634）卒。由于智琰的努力，虎丘寺又开始兴旺起来。

唐代虎丘出现了不少新景观。元和四年（809），李翱来游虎丘。他在《李习之来南录》中说："癸未，如虎丘之山，息足千人石，窥剑池，宿望海楼，观走砌石。"望海楼在剑池上，走砌石是从千人石上山的石阶。另有剑池西南的陆羽井，以及今山街尽头的真娘墓。前来游赏、雅集、宴饮的人，更多了。如李白曾来过，留下一篇《建

李白像　清佚名《历代名臣像解》　　杜甫像　清佚名《历代名臣像解》

丑月十五日虎丘山夜宴序》。杜甫也来过，在《壮游》中有云："王谢风流远，阖闾丘墓荒。剑池石壁仄，长洲芰荷香。"还出现了一位扑朔迷离的人物——清远道士。考其事迹，当是玄宗时人。自作《同沈恭子游虎丘寺有作》，称"我本长殷周，遭罹历秦汉"。如此说来，他至唐已2000岁，但颜真卿信矣，将他的诗刻在虎丘崖壁上，还和了一首，后来皮日休、陆龟蒙等也有和诗。养鹤涧、炼丹井、回仙径三处，都是后人附会的清远道士遗迹。

德宗以后，有将虎丘改作"武丘"之举，说是为避高祖李渊祖父李虎的讳。然而，有改有不改，并不统一。戴易在《虎丘表忠补·序》中对此做了考证，认为唐代避皇帝名讳，缺笔少划就可以了。李虎不是皇帝，没有避讳的资格，因此执行起来也就并不严格。还有将虎丘改作"兽丘"的。归有光在《与沈敬甫》中说："兽丘即虎丘，唐讳，亦云武丘也。"顾炎武在《日知录》中提到《梁书》中的情形时称："书中亦有避唐讳者。《顾协传》以虎丘山为武丘山，《何点传》则为兽丘山。"这是一个关于避讳的有趣故事。

宝历元年（825），白居易来任苏州刺史，前后写下许多赞美和怀念苏州的诗。他尤其欣赏虎丘，常去游览。《夜游西武丘寺八韵》有云："领郡时将久，游山数几何。一年十二度，非少亦非多。"因为常去，就发现了一个交通问题，从阊门到虎丘，阡陌纵横，都是田野、泥路和沼泽，即使到了虎丘，从东寺到西寺，也要坐船。李翱在《李习之南来录》中就说过，他住东寺，想去西寺，因"水涸，舟不通，无马道，不果游"。因此，白居易上任不久，就开始修筑从今山塘桥至西山庙桥这段塘路，水陆并行，时称武丘寺路，即今之山塘。他还沿堤栽种花木，并在河道宽阔处种植莲荷，美化环境。这项工程完成后，这段塘路就成为阊门外到虎丘的必由之路。

白居易不但修筑了塘路，还环绕虎丘开河，后人称"环山溪"。隆庆《长洲县志》卷十中说："公又缘山麓凿水四周，溪流映带，别成仙岛，沧波缓溯，翠岭徐攀，尽登临之丽瞩矣。"这就是虎丘的东溪、西溪、后溪，与南面的山塘连接，就圈定了虎丘的四至界限，同时舟楫可得以周游，方便了全山的交通。

西山庙桥　摄于20世纪30年代

会昌五年（845），好道术修摄的武宗下诏禁止佛教，计天下拆寺4600余所，还俗僧尼26万余人，又拆招提、兰若4万余所，放奴婢15万人，皆充两税户，史称"会昌灭佛"。武丘寺也不例外，东、西两寺悉归乌有。

"会昌灭佛"次年，武宗因服方士金丹，一命呜呼。宣宗接位，宣布会昌所废佛寺允许修复，听由僧尼居住。但晚唐苏州屡遭兵燹，在兵荒马乱、生民流离之际，要想恢复寺院，谈何容易。

至钱氏吴越国时，江南寺院才逐渐重建起来。《吴郡图经续记》卷中介绍苏州寺院的情形时云："唐季盗起，吴门之内，寺宇多遭焚剽。钱氏帅吴，崇向尤至。于是，修旧图新，百堵皆作，竭其力以趋之，唯恐不及。"当时

山塘　摄于20世纪40年代

虎丘东、西两寺早已荒芜不堪，或基址已被浸没，若重建寺院，只得改建到山上去。同书说："盖自会昌废毁，后人乃移寺山上。今东寺皆为民畴，西寺半为榛芜矣。"后唐长兴三年（932），吴越王钱镠之子元璙任苏州刺史、中吴军节度使。他对重建虎丘寺功莫大焉，《吴郡志》卷九称其"惟每游虎丘山寺，前路引望，则喜动颜色。比至山，必规画修缮，今寺多其经意处也"。后晋天福七年（942），元璙殂，其子文奉接任父职，继续进行虎丘寺的基础工程。

钱元璙时，在今五十三参之上建了大殿，大殿两侧各建一小殿，即所谓"梁双殿"。《吴郡志》卷九中说："梁双殿，在虎丘寺大殿前。二小殿相对，最为古迹。"因大殿屡毁，两小殿则相对完好，一直保留到淳熙中，范成大就认为它"最为古迹",推断它建于萧梁,故以"梁双殿"名之。而其实,这是错误的。钱文奉时,七层砖塔也建了起来。据出土文物证明,塔始建于后周显德六年(959),北宋建隆二年(961)落成。千人石上的"佛说大佛顶陀罗尼经幢",立于"显德五载"(958),说明当时已有施主前来捐建经幢。

太平兴国三年(978),苏州等吴越十三州被纳入宋的版图。虎丘寺本是律寺,宋初禅宗盛行,不拘形式的修持形式,大受士大夫欢迎。至道中,苏州知州魏庠将虎丘寺改为禅寺,敕赐寺额"云岩禅寺",并延禅宗名僧清顺住持。正德《姑苏志》卷五十八称说,清顺来住,"乃启禅派,今虎丘开山第一人也"。

北宋前期的云岩寺已颇为壮观。天圣二年(1024)王随在《虎丘云岩寺记》中说:"彼美招提,实为绝境。粉垣回缭,外莫睹其崇峦;松门郁深,中迥藏于嘉致。"故"允所谓浙右之壮观,天下之灵迹者矣"。此后,寺院规模不断扩大,皇祐初升格为"十房住持"。元丰七年(1084)成书的《吴郡图经续记》,对当时的虎丘有具体介绍。卷中说:"寺中有御书阁、官厅、白云堂、五圣台,登览胜绝。又有陈谏议省华、王翰林禹偁、叶少列参、蒋密直堂真堂。寺前有生公讲堂,乃高僧竺道生谈法之所。旧传生公立片石以作听徒,折松枝而为谈柄。其虎跑泉、陆羽井,见存。比岁,琢石为观音像,刻经石壁。东岭草堂亦为佳致,惜

后周显德经幢

已废坏。"在山麓的西寺遗址上,也建了西庵禅院。同书说:"西庵禅院,在虎丘西。本属云岩,后别为院,盖亦古西寺之地。近岁,颇增葺。"明道间,杨备作《姑苏百题》,咏虎丘五首,分别是虎寺、剑池、试剑石、生公讲堂、真娘墓,应该是当时虎丘的主要景点。

苏轼在神宗时,因反对王安石新法,出为杭州通判兼浙西钤辖,常来苏州视察,来则必游虎丘。对当时虎丘的景象,他在《虎丘寺》中描摹甚切,有云:"入门无平田,石路穿细岭。阴风生涧壑,古木翳潭井。湛卢谁复见,秋水光耿耿。铁花秀岩壁,杀气噤蛙黾。幽幽生公堂,左右立顽矿。当年或未信,异类服精猛。胡为百岁后,仙鬼互驰骋。窈然留清诗,读者为悲哽。东轩有佳致,云水丽千顷。熙熙览生物,春意破凄冷。"他谪居黄州时,与知州闾丘孝终熟识。闾丘致仕回苏,苏轼时往拜访,所作《次韵王忠玉游虎丘绝句三首》有"老守娱宾得二丘"句,自注:"郡有闾丘公。太守王规父尝云:'不谒虎丘,即谒闾丘。'"王规父名诲,熙宁间知苏州。至南宋淳熙时,龚明之在《中吴纪闻》卷五《闾丘大夫》说:"东坡尝云:'苏州有二丘,不到虎丘,即到闾丘。'"王诲这句话变成苏轼的了。苏轼《水龙吟·赠赵晦之吹笛侍儿》一词毛本题中将这句话改作"过姑苏,不游虎丘,不谒闾丘,乃二欠事"。《历代诗余》卷一百十五引《耳贵录》时亦有同样的措词。至清康雍间,储大文《仰苏楼记》将这句简缩为

生公讲台　摄于20世纪20年代

云岩寺塔　摄于20世纪20年代

"昔文忠公尝谓'至苏州不游虎丘为欠事'"。到了20世纪80年代，这句话又变化了，成了虎丘的一句广告词："大诗人苏东坡说，到苏州而不游虎丘，乃憾事也。"虽然这压根不是苏轼的话，但附会在他身上，也是合乎情理的。

当时前来虎丘游览的，当然更多的是市民阶层，甚至小商小贩也来做买卖。赵彦卫在《云麓漫钞》卷七中说："朱勔之父朱冲者，吴中常卖人。方言以微细物博易于乡市中自唱曰常卖。一日至虎丘，主僧听其声，甚惊，出观之，但见憩于廊庑下，延之，设茶，语以它日必贵，自是主僧颇周给之。"说朱冲发迹前是叫卖日用杂品的货郎，因上山来叫卖，惊动了寺僧。可见，到了徽宗时代，虎丘已热闹如市廛了。

时隔不久，发生靖康之变。建炎四年（1130），时称平江的苏州遭到一场浩劫，繁华的都会几成废墟。绍兴九年（1139），宋金和议达成，南宋有了偏安局面，经济才开始复苏。

绍兴初云岩寺的第一位住持是绍隆，乃高僧圆悟的弟子，临济宗传人。临济宗是中国佛教禅宗南宗五家之一。自绍隆来后，云岩寺便成为临济宗道场。据《五灯会元》卷十九之《虎丘绍隆禅师》记载，绍兴五年（1135），平江知府李光将绍隆请来，第二年他就圆寂了。绍隆在任时间虽短，但对云岩寺的贡献很大。黄潜在《［平江路］虎丘云岩禅寺兴造记》中说："绍兴间，长老大比丘隆公以圆悟嫡子坐镇兹山，席法鼎盛。东南大丛林，号为'五山十刹'者，虎丘实居其一。"这除了绍隆的感召力外，他的后继者也有很大功绩，"大慧以法门兄弟相依最久，缮经有室，容声俨然，继以雪庭、瞎堂、松源、笑翁诸宿德，唱道其中，而宗风愈振，纂承基绪，代不乏人"。

南宋时虎丘增辟了三畏斋、陈公楼、千顷云阁、致爽阁等处，重建了东岭草堂。山上山下的建筑，与自然风光、古迹遗存融为一体。家之巽《千顷云记》一文中就说："寺视山势为高下，广袤规置，不能平直，而梯空驾虚，俯仰避就，各有态度。"绍熙初，范成大作《虎丘六绝句》，分咏点头石、千人坐、白莲池、剑池、致爽阁、方丈南窗。顾瑛作《虎丘十咏》，分咏剑池、生公台、千顷云、试剑石、剑池、五台山、塔影、致爽阁、真娘墓、陆羽井、小吴轩。这些应该是当时的主要景点。前来游览的人更多了。《吴郡志》卷二中说："春时用六柱船，红幕青盖，载箫鼓以游，虎丘、灵岩为最盛处。"这是虎丘历史上的一大变异，开始更广泛地走向民间，类乎开封大相国寺，当然，更别有山水之胜、古迹之幽。

公元1275年，元军占领平江。由于没有大的战事，城市破坏较小，虎丘僻处城外西北隅，几乎未受到影响，但寺中部分建筑因年久失修而倾圮。

后至元四年（1338），普明来任住持，将整个云岩寺修造一新。黄溍在《［平江路］虎丘云岩禅寺兴造记》中

花雨亭

小吴轩外

说:"重纪至元之四年,今住山明公嗣领寺事,始增饰佛菩萨、阿罗汉、执金刚神,更造文殊、普贤、观世音三大士,缮治舍利之塔、经律论之藏,范羑铜为巨钟。视栋宇之摧堕蠹弊者,或因或革,百役并举。大佛殿、千佛阁、三大士殿、藏院、僧堂、库司,三门两庑,古木寒泉,剑池、华雨诸亭,则完其旧,祖塔众寮,仓庾庖湢,宴休之平远堂,游眺之小吴轩。山之前为重门,则改建使一新。环寺为渠六十余尺,堙于客土,水遏弗行,则疏瀹之。凡其费,一出于经用之羡财,而集众施以助其不给。"至正十一年(1351)早春,顾瑛与剡韶、释良琦、陈惟允来游。顾瑛在《游虎丘杂咏诗序》中说:"时积雪弥旬,旭日始出,乃登小吴轩,凭高眺远,俨然白银宫阙在三山玉树间,兴不可已。遂留宿贤上人松雨轩数日,由是得历览山中清胜,乃赋小诗十首以纪斯游。"这十首五绝分咏千顷云、小吴轩、剑池、试剑石、五台山、生公台、塔影、致爽阁、真娘墓、陆羽井。

元末群雄竞起,至正十六年(1356),张士诚取平江路称王。次年,他受到朱元璋、方国珍的夹攻,为加强外围防务,下令在虎丘起城。《隆平纪事》中说,新城起筑于至正十七年(1357)六月,而主持筑城的周南老则说在是年冬季,有《至正丁酉冬督役城虎丘连月余赋诗八首录呈居中禅师》记之。次年春,郏经偕友来游,城已成矣,郏经诗有云:"虎丘山前新筑城,虎丘寺里断人行。"从游诸人均有和作。吕敏有云："山上楼台山下城，朱旗夹道少人行。"曾朴有云："阊闾冢上见新城，无复游人载酒行。"张士诚筑城乃属防御工事，四周以水为堑，城墙乃版筑，从半山腰围起。《虎阜志》卷十引文《志》云："张士诚环山为城。山之东及前'旧有溪，乃复开山后及西，相接为堑。而前则跨南北为桥，以通出入。士诚败后，撤桥而壅之。'"当时的住持是僧宁，字居中。《虎阜志》卷八中说："元末淮张之乱，筑城虎丘，兵戈旁午。宁腊高望重，揩挂法门，寺赖以全。"他通过张士诚幕僚陈基、吕敏等人说项，对山寺做了尽可能的保护。

10年后，朱元璋兵围苏州，张士诚据城死守，常遇春以虎丘城为驻兵地。张士诚亲自领兵出阊门，要夺回这个据点。常遇春下山迎击，两军在山塘大战。结果，张士诚大败，山塘也遭受兵燹。

明初，朱元璋对曾经支持张士诚的江南豪族地主进行限制和打击，徙移14万户于凤阳，将大批土地变成官田。同时，中央政府对江南特别是苏州征收全国最重的税粮，亩税至有二三石者。洪武三年（1370），云岩寺因积欠田赋，被籍没入官。次年，开恩，将山寺发还，但近万亩田产全被充公。

洪武三年，僧至仁来住持云岩寺。当时寺中经济窘迫，开支无着，在历史上是少有的衰落期。但至仁确有号召力，香客日益增多，又有施主来捐钱舍田了。《虎阜志》卷八中引顾湄《虎丘志》曰："仁开堂接纳，丛席始振。五年，中行复公来继。十六年，道立中公来继。三公实能宏道振业，有兴复功。"云岩寺逐渐恢复了旧日气象。

洪武二十七年（1394）某个冬夜，僧舍起火，延烧及塔。因山上风大，火势炽盛，及天明时寺院大多烧毁，七层塔檐被烧毁，平远堂、致爽阁、天王殿、小吴轩等也成了一片瓦砾。当时的住持是僧起，字灭宗。《虎阜志》卷八称其"专力宗门，不省俗事"，对废墟般的云岩寺听之任之。一晃，10年过去。

永乐初，苏州僧正司派普真前来住持。普真，字性海，上任后就整肃仪规，树立寺院威望，赢得施主信任。资金有了着落，就着手重建山寺。杨士奇在《虎丘云岩禅寺重修记》中说："永乐初，普真主寺，始作佛殿，寺僧宝林重葺浮图七级。继普真者宗南，作文殊殿。十七年，良玠继宗南，是年作庖库，作东庑，明年作西庑，作选佛场，又明年作妙庄严阁，三年落成。盖寺至良玠始复完所作。"前后三任住持相继，至永乐二十二年（1424），重建的云岩寺始具规模。普真还请王宾编纂《虎丘山志》，虎丘有志就是这时开始的。

可是仅隔9年的宣德八年（1433），寺又失火，因扑救及时，被烧的主要是僧舍、大雄殿和塔。时苏州僧纲司都纲守定兼任云岩寺住持。守定，号南印，临济宗传人，既是高僧又是僧官。寺遭火灾后，巡抚周忱、知府况锺等都捐俸作表率，各方捐助便源源而来。至正统三年（1438），云岩寺塔修葺一新。十年（1445），大雄殿也落成了。

正统十三年（1448），英宗赐云岩寺《大藏经》一部，由巡抚周忱护送到寺。当时的住持是大奘，字照岩，在宋御书阁旧址建藏经阁。周忱在《敕赐藏经阁记》中说："所司以帑廪羡余，度材庀工，为层屋五楹，高六十五尺，广九十七尺，深如高函。以龛匮设，供以几案，雕绘金碧，靡不坚完。"阁后，大奘构一轩，以待往来休息。又建香积堂、伽蓝殿、海泉亭，相峙于殿塔之左右前后。

自南宋以降，虎丘就是一个集进香、游赏、娱乐、买卖为一体的地方，至明前期恢复了生机。杨士奇在《虎丘云岩禅寺重修记》中说："余闻虎丘据苏之胜，岁时苏人耆老壮少闲暇而出游者必之于此，士大夫宴饯宾客亦必之至此，四方贵人名流之过苏者必不以事而废游于此也。"弘正以后更兴盛了。杨循吉在《游虎丘寺诗序》中说："吴人承前代风流之余，故尝知来游于此，具酒肴，载管弦，各自以其辈至，叫呼欢笑，旷达而豪放者则有之矣，鲜有以文字为乐者也。"可见寻常百姓来得更多了。

嘉靖三年（1524），胡缵宗来任苏州知府。他某次游览虎丘后，觉得能让游客休憩眺览的建筑还是太少，于是出资建造仰苏楼、悟石轩、大吴轩三座楼阁，更推动了虎丘的兴旺。黄省曾在《吴风录》中说："虎丘则以太守胡缵宗创造台阁数重，增益胜眺，自是四时游客无寥寂之日，寺如喧市，妓女如云。"

值得一说的是，自明初至万历六年（1578），出入云岩寺在后山。张紫琳在《红兰逸乘》卷一中说："尝见明文衡山、唐六如、文嘉、袁尚统、居节所写虎丘图，皆画后山景，闻前辈云，明朝虎丘山门在今后山也。"这是因为明初拆掉土城后，南面的山街被民居堵塞，游人只能改由北面上山。凡从山塘去虎丘，到了斟酌桥，要乘船从东溪转入后溪，从北面中和桥、小武当上山。《虎阜志》卷五引文《志》言："前山门，近年百步街两旁，居民占塞。万历六年，粮道徐某清厘，始复旧观。"从那时开始，南北就都可上山了。

自嘉靖以降，虎丘新建、重建、修葺了不少建筑。士绅张暐重修了万佛阁、西方殿、伽蓝殿、天王殿、中山门、断梁亭、大山门、千手观音殿、大悲阁、转藏殿，在后山重建了玉皇阁。前南京礼部尚书吴一鹏在西岭建了宋三贤祠，祀范仲淹、胡瑗、尹焞。住持通密重修了千佛阁，苏杭织造孙隆请神宗赐《大藏经》一部，置于阁中。在白莲池东新建了四贤祠，祀夏原吉、周忱、王恕、海瑞。元和知县江盈科在平远堂遗址新建了五贤祠，祀韦应物、白居易、刘禹锡、王禹偁、苏轼。职方郎中申用懋在剑池南建三泉亭，又为其父申时行建祠。住持正元又重修了云岩寺塔和天王殿。天启六年（1626），户部主事马之骏修复了倾危的千顷云阁，重建了平远堂。此外，还新建了大佛殿东的望苏亭、东山浜的妙音阁、石观音殿南的月驾轩、梅花楼旁的戒珠堂、便山桥南的塔影园、后山的竹林精舍等。

天启六年（1626），苏州有一桩大事。是年三月，魏忠贤遣派缇骑来苏州逮捕周顺昌，引起了一场声势浩大的苏州市民抗暴斗争。十八日那天，万余人聚集雨中抗议，缇骑两人被击毙。事后颜佩韦等五人挺身投案，闰六月被处极刑。这就是历史上著名的"开读之变"。崇祯初，东林冤案平反，苏州市民将五位义士重新殡葬于山塘青山桥畔原普惠生祠，吴默题"五人之墓"四大字，张溥为撰《五人墓碑记》。自此以后，凡游虎丘，凭吊五人墓成为一项内容。

五人之墓碑

崇祯五年（1632），虎丘又有一桩大事。是年三月，复社领袖张溥在虎丘召集复社第三次集会，较崇祯二年（1629）的苏州尹山集会、三年（1630）的南京集会，规模更大。其他文社也闻讯赶来，与会者达数千人。陆世仪在《复社纪略》卷二中说："癸酉春，溥约社长为虎丘大会。先期传单四出，至日，山左、江右、晋、楚、闽、浙以舟车至者数千余人，大雄宝殿不能容，生公台、千人石，鳞次布席皆满，往来丝织。游于市者争以复社会命名，刻之碑额。观者甚众，无不诧叹，以为三百年来从未一有此也。"

当时清流冶游之风甚炽，复社虎丘集会也是一次规模巨大的集体冶游。陈去病在《五石脂》中说："闻复社大集时，四方士之挈舟相赴者，动以千计。山塘上下，途为之塞。迨经散会，社中眉目，往往招邀俊侣，经过赵李。或泛扁舟，张乐欢饮。则野芳浜外，斟酌桥边，酒尊花气，月色波光，相为掩映。"启祯年间，名妓如卞玉京、董小宛、陈圆圆、沙嫩儿、陈素素、柳伴月等都寓居在虎丘或山塘。群芳高张艳帜，自然招蜂引蝶，冒襄、张溥、吴伟业等都留下了故事。

崇祯二年（1629）十一月，云岩寺再次起火，大雄殿、万佛阁、观音阁、方丈楼观一夕而毁。寺僧持簿劝募，稀有应者。直到崇祯九年（1636），巡抚张国维首创捐俸，钱谦益作《重修虎丘云岩寺募缘疏》，以筹措资金，才开始陆续修复，至十三年（1640）卒工。

虎丘春晴图轴　明谢时臣

崇祯十七年（1644），李自成攻入北京，明室倾亡。不久清军入关，定鼎北京。顺治二年（1645），清军南下，马蹄嘚嘚，踏破了江南的繁华梦。这一年，苏州有不少人自杀殉国，有的选虎丘为诀别之地，如少詹事徐汧就投虎丘后山新塘桥而死。

顺治年间，苏州一带的抗清斗争非常激烈，但先后遭到镇压。尤其是郑成功反攻长江失败后，清廷迭兴"哭庙案""通海案""奏销案"等大狱，给江南士绅势力以沉重打击，同时也对晚明以来的社会风气痛加矫治，其中有两件事与虎丘有关。

其一，顺治十一年（1654），巡按御史李森先以"淫纵不法"的罪名，将昆曲名旦王紫稼枷号杖死于阊门月城。尤侗在《艮斋杂说》卷四中说："予幼时所见王紫稼，妖艳绝世，举国趋之若狂。年已三十，游于长安，诸贵人犹惑之。"钱谦益、吴伟业、龚鼎孳都赠以诗，称之为"王郎"。王紫稼曾在明末虎丘曲会上拔得头筹。龚鼎孳的《王郎挽歌》中有"韦公祠畔紫游缰，莺作清歌对海棠""虎丘石畔真娘墓，重与游人数落晖"诸咏，追忆了他当年在虎丘的风采。

其二，顺治十三年（1656），富绅沈休文、金又文罗致苏州、松江两郡名妓五十余人，在虎丘梅花楼"定花案"，品定高下，选出"状元""榜眼""探花"和"二十八宿"。缪荃孙在《艺风堂杂钞》卷四中说，花案定后，"彩旗绣幰，自胥门迎至虎丘，画舫兰桡，倾城游宴"。李森先"闻而究治，沈、金荷枷敲掠，诸姬亦皆受杖"。

李森先对王紫稼用重典、对"定花案"的整肃，实际就是借此打击苏州士人的冶游风气。

清初苏州有王五痴者，蓄有明钱数万贯。鼎革后，他将这些铜钱镕铸为佛像，送入云岩寺供养。周茂兰有《王五痴积制钱为佛像五躯送供虎丘禅院》一诗纪事。据释达受《宝素室金石书画编年录》卷上记载，其实不是五尊而是九尊佛像，"皆巨躯也"。但是，云岩寺之有铜佛像，所有山志都没有记载。

康熙二十年（1681），平定"三藩之乱"；二十二年（1683），收复台湾，全国统一；二十三年（1684），圣祖玄烨第一次南巡，虎丘历史翻开了新的一页。十月二十七日，圣祖临幸虎丘，住持超源率徒众恭迎。圣祖步行入山门，由五十三参登大雄殿，礼佛毕，至平远堂，由住持献茶，然后至塔下、千顷云、双井桥、悟石轩、可中亭、点头石等处。薄暮时分，遍山张灯奏乐，圣祖才登舟回銮。圣祖第二次到虎丘是二十八年（1689）二月三日，经憨憨泉、千人石，登万岁楼，至悟石轩，入禅堂，至平远堂，由雪浪轩过剑池石梁，还至万岁楼前。时玉蝶梅初开，芳香袭人，圣祖在树下徘徊良久。此后的康熙三十八年（1699）、四十二年（1703）、四十四年（1705）、四十六年（1707），圣祖都临幸虎丘。最后一次来时，山上已造了行宫含晖山馆，其址在今致爽阁到拥翠山庄一带及其西侧，规模很大，有宫门、朝房、二宫门、奏殿、龙楼、花厅、东西群房、十八间廊、御书房和各个寝宫等，并将致爽阁和月驾轩都划入其中。至乾隆朝，高祖弘历仿效乃祖，自乾隆十六年（1751）至四十九年（1784），也六次临幸虎丘。《虎阜志》首卷"宸翰"记载：圣祖御制诗共五题，赐额十五方，赐联八副；高宗御制诗二十七题，赐额五方，赐联四副。这不但让虎丘有了新的看点，也将它的名声推向了新的高度。

云岩禅寺经康熙三十六年（1697）、乾隆五十五年（1790）两度重修和扩建，全山建筑多达5000多间，规模宏大，气象雄伟。据《虎阜志》记载，其时有三座山门、妙庄严阁、千佛阁、大佛殿、千手观音殿、云岩寺塔、法堂、方丈室、钟楼、禅堂、大藏殿、祖师堂、石观音殿、三大士殿、藏经阁、伽蓝殿、隆祖塔院，以及僧舍、斋堂、香积厨、浴堂、库房等。山中景点多达200多处，《虎阜志》首卷列出十景，各有一图，依次是"白堤春泛""莲池清馥""可中玩月""海

清圣祖朝服像　清佚名

峰雪霁""风壑云泉""平林远野""石涧养鹤""书台松影""小吴晚眺""西溪环翠"。

清代增添的主要建筑，分别为：在山街西的海晏亭，是顺治十七年（1660）为庆祝都督梁化凤击退郑成功而建，钱谦益、吴伟业分别为撰《海晏亭颂》；在二山门东南的丘南小隐，为编修汪琬别业，内有乞花场、山光塔影楼等；在白莲池东的二姜先生祠，巡抚汤斌建于康熙二十四年（1685），祀明给事中姜埰与其弟行人姜垓；在西溪东的西溪别墅，为陆龟蒙后裔陆肇域建；在东山浜的蒋氏塔影园，为贡士蒋重光别业，嘉庆年间改白公祠，光绪年间改李鸿章祠。

及至咸丰十年（1860），太平军占领苏州，忠王李秀成在城外建十座营垒。虎丘是其中之一，于是又筑土城、开壕沟。太平天国是政教合一的政权，奉上帝耶和华为天父、耶稣为天兄，其他信仰都指为"妖"。因此，山中的佛殿、像设、经藏、祠庙等均遭罹难，寺僧驱逐殆尽。同治二年（1863），淮军会同戈登洋枪队合围苏州，为扫清太平军外围，炮击虎丘。山上除了塔和二山门外均被摧毁。这是近代虎丘的一次浩劫。

由于战争创伤巨大，虎丘的修复进展缓慢。清末仅重修了石观音殿，重建了天王殿和大殿。光绪十年（1884），洪钧等在月驾轩旧址建造了拥翠山庄。

民国初年，虎丘修复和新建的建筑都很有限，仅知住持中照重修了正山门，金天羽等在拥翠山庄北新建冷香阁，

虎 丘

虎丘山图轴　清潘思牧　　姑苏虎丘胜景图　清乾隆年画

二山门　摄于20世纪10年代

千人石上　摄于20世纪30年代

二山门前　摄于20世纪30年代

虎丘月份牌　民国徐泳清

正山门 摄于20世纪20年代

申氏后裔申振刚重建了申公祠,士绅蒋柏如等在三讲官祠旧址创办了私立敦仁小学,苏州联合救火会将郡厉坛旧址辟为救火会公墓,苏州商团在丘南小隐旧址建造了商团纪念碑林,后更名云集山庄。

就在20世纪20年代,已有"虎丘十八景"之说。哪十八景?说法不一,但大同小异。按1929年许云樵的《姑胥》一书所说,十八景是:鸳鸯冢、断梁殿、憨憨泉、真娘墓、蜒蚰石、试剑石、千人石、石观音殿、陆羽泉、剑池、双吊桶、二仙亭、白莲池、生公讲台、点头石、五十三参、仙人洞、虎丘塔。

1930年,虎丘寺住持宣楞在山上重建了致爽阁。

1933年，为纪念"一·二八"事变中的殉难将士，在致爽阁下建一墓亭，号为"国魂冢"，遗址在今雪浪亭。1935年，公葬诗人陈去病于山麓拥翠山庄之西。值得一提的是，由于山塘街因商业繁华而日见狭窄，不便驶行马车，1928年苏州市政筹备处决定，开辟一条从留园马路向北延伸的新马路，1930年竣工，初名军工路，后改为虎丘路。从此，这条马路成为车马通达虎丘的主要途径。

1935年，士绅刘正康等发起成立了虎丘名胜整理会，做了三件实事：一是改建了山前的斟酌桥和望山桥，以方便人力车；二是修筑了正山门至二山门的一段道路，并将二山门至千人石的一段泥路改为石子路；三是沿环山溪建

陈去病墓

造了环山路。

1937年11月，日军占领苏州。沦陷后的苏州是敌伪的重点经营区，一度呈现畸形繁荣。虎丘仍是苏州旅游的主要去处，但风景区的维护和建设是谈不上的。抗战胜利后，时局动荡，民生凋敝，虎丘更是败落了。赵清阁在《小巧玲珑记苏州》中说，虎丘"简直是废墟中的一堆泥"，其情形可以想见。

中华人民共和国成立后的20世纪50年代，虎丘进入了恢复发展的新阶段。

当时虎丘是寺院、小学、商铺、民居杂处之地，正山门内宛如窄弄，称山门巷。山上的旧迹，不少已近荒圮，尤其是云岩寺塔，塔身倾斜开裂，有倒塌之虞。1953年春，塔底层发现塔墩崩塌，住持楚光向苏南文物管理委员会报告，引起了政府重视。同年6月，市政府文教局设苏州市园林管理处，同时成立苏州市园林修整委员会，决定重点整修虎丘、留园等名胜古迹。虎丘正式由园林管理处接管，虎阜小学、农业社生产队及寺僧先后迁离，开始了有计划的大规模整修。

自1953年到1966年前，虎丘的整修情况大致有五个方面：一是抢修和加固了日益倾斜的虎丘塔，使之基本稳定；二是疏浚了环山溪的东、西、北三溪，在二山门前开了南溪，并跨南溪架设了海涌桥；三是新建和重建了放鹤亭、孙武子亭、花雨亭、东丘亭、涌泉亭，并疏通第三泉，改善了山上水系；四是在后山重建了玉兰山房、通幽轩，修葺了百步趋，并将后山的土城残基改建为环山路；五是植树造林，绿化面积之广，几近覆盖全山。

1966年，"文革"发动，虎丘在劫难逃，损失惨重。石观音殿、隆祖塔院、二山门元塑金刚像被毁，显德经幢被推倒击碎，"生公讲台""千人座"等石壁题名都被凿去，千手观音殿内的檀香木观音像被焚毁，厅堂轩亭中的字画楹联无一幸存。

1978年大地春回，1980年起开始全面整修。1989年《虎丘名胜重修记》中介绍说："一九八〇年以来再次整修，重建小吴轩、千顷云、揽月榭、分翠亭诸胜，并于东山庙遗址新建万景山庄，同时重修云岩寺塔，修复经幢、摩崖石刻等，共用五百余万元。"需补充的是，这一期间，还重修了冷香阁、大佛殿、玉兰山房、御碑亭、钱处士墓、陈去病墓、环山路，在后山西北隅新建了云在茶香室。在"文革"中缺落的联额，有的按原样修复，有的则请今人补题完备。植树造林的成绩尤为显著，至21世纪初，全山森林覆盖率达百分之九十九，绿化率达百分之九十二以上，林木种类计有七十三科一百十五种，其中树龄超过百年的古树有百余株。

随着虎丘和山塘的整修，传统的曲会、花市、庙会等民俗活动也逐渐恢复。据近30年来的统计，每年游客人次都在百万以上，最高的年人次近400万。

庙会舞龙灯

第二章　山前胜概

佛寺山门一般有三重，象征"三解脱门"，乃指空门、无相门、无作门。凡经过这三重门，就可进入涅槃境界。

虎丘寺也有三重山门。正山门作龙吻脊硬山顶，面阔三间，坐北朝南，前临山塘街。它有三个门宕，左右旁门是住持祖善于清乾隆二十二年（1757）增辟的。门前左右有两口井，人称"双泉"。这座山门有两奇，所谓"照墙有河隔，入门先见塔"。一是说照墙之奇，因山门前有石阶码头，乾隆五十五年（1790）住持祖通就将照墙建于河对岸，照墙作八字形，砖额"海涌流辉"四字，更显出山寺的气势。一是说门宕之奇，1918年住持中照重修山门时，将中间一门改为上圆下方的券首门宕，并将前后门宕对直虎丘塔，让人在山门前就能见到浮图当空、孤峰挺秀的景象。

正山门主间悬吴曾善书"古吴揽胜"额，两侧联曰："水绕山塘，笑旧日莺花笙歌何处；塔浮海涌，看新开图画风月无边。"门厅悬"虎阜禅寺"金字竖匾，为圣祖第六次南巡时所题。两侧墙上嵌置乾隆二年（1737）《奉宪勒石永禁虎丘染坊碑记》等十一方，记录了乾嘉时期苏州社会的经济情状。立碑于此，正说明当时虎丘的人流涌动。正山门是入山的必经之路，颁布的内容就能最广泛地深入人心。

正山门

过正山门西偏，原为郡厉坛，民国取消祀典，坛就荒废了。1926年，苏州救火联合会为公葬殉职会员史金奎，将此坛改建为救火会公墓，前立牌坊，联曰："仗义急公，殁可祭社；赴汤蹈火，死而为灵。"墓碑"史金奎义士墓"，为金天羽书。后又葬入会员顾士杰。1995年，公墓改建为义士陵园，史、顾两墓前各建方锥形石塔，史墓塔上镌"永垂青史。史义士金奎纪念塔"；顾墓塔上镌"义无反顾。义士顾士杰纪念塔"。西部立碑《义士陵园修建记》，记述了建园的缘起和重修经过。

义士陵园北原有鸳鸯冢，又称杨烈妇墓。王铎在《鸳鸯圹碑记》中说："长洲蠡口倪士义妻杨氏，夫死于崇祯十四年十月二十七日，誓不渝节，豫命修圹，题曰'鸳鸯'，石骨铁心，终不可夺，遂到死于是年十一月十八日。"大夫士庶捐金葬之，题其门曰："身膏白刃风斯烈，骨葬青山土亦香。"咸同后荒芜，邑绅重行修葺，筑亭以蔽之，石柱镌吴荫培撰联："梁案齐眉愧高士，吴山埋骨傍真娘。"1956年开凿环山溪南段时，将墓亭北移。2002年为建西溪环翠景观，又迁至拥翠山庄以东，称鸳鸯亭。

由正山门迤北，环山溪横亘于前，跨溪有海涌桥，对直二山门。桥建于1956年，为花岗石拱桥，两侧有栏柱

海涌桥

十二根，上雕各式蹲狮，石板中央有祥云旋子浮雕，雕刻堪称精美。

过桥即二山门，作单檐歇山式，面阔三间，进深两间。相传也有两奇，所谓"元朝天将，山门断梁"。"元朝天将"指山门内左右有两尊护法金刚，俗称哼哈二将，旧志说是"元刘总管"所塑。刘总官指刘元，字秉元，曾从尼婆罗国雕塑家阿尼哥学塑佛像，尽得其传，历官至正奉大夫秘书卿，并未授以总管。这两尊神像塑得高大威猛，栩栩如生。是否确为刘元所塑，尚缺文献考证，但为元代所塑则无疑。惜两像于1966年被毁，今像是后来补塑的。"山门断梁"是指殿正中的主梁用两根圆木由次间顶部悬挑到主间中间接合的，并在挑出的两头用一排丁字形斗栱来承托。这种梁架的做法，俗称"琵琶吊""棋盘格"，在建筑史上别具一格，故二山门又称"断梁殿"。虎丘除云岩寺塔外，二山门是最古建筑，1961年被颁布为第一批全国重点文物保护单位。

二山门主间将军门前后悬匾：前匾曰"大吴胜壤"，传为顾野王手迹，乾隆时佚失，光绪三年（1877）裔孙顾曾寿觅得残迹后补全；后匾曰"含真藏古"，为梁漱溟书。山门前后各有楹联：前联曰"塔影在波，山光接屋；画船人语，晓市花声"，乃移用顾禄抱绿渔庄联语；后联曰"翠竹苍松全寿相，清泉白石养天和"，原为清高宗为行宫撰联，由启功补书。内墙嵌置至正七年（1347）黄溍撰《[平

二山门护法金刚

二山门　摄于20世纪10年代

"含真藏古"　梁漱溟书

江路〕虎丘云岩禅寺兴造记》等四方,都是修建山寺的记录。外墙嵌置隆庆二年(1568)《苏州府示禁挟妓游山碑》等六方,为研究明清苏州社会史的重要文献。

从二山门起,山势渐高,故俗称"山口"。自此而上,山街东侧有一口井,上有六边形青石井栏。此为试剑石上的,非憨憨泉。西侧圆石上镌正书"憨憨泉",相传为宋人所书。井栏正面亦有正书"憨憨泉",乃康熙四十四年(1705)所镌。憨憨一作谽谽,梁天监间僧人,最擅凿泉。《吴郡图经续记》卷中说他初住横山智显禅院时,"以锡扣石,清泉为流,虽水旱不增减"。《虎阜志》卷八中说他"来住虎丘,泉随涌出。""谽谽"应该是他的本名,因其字难识,改呼憨憨。俞樾在《茶香室续钞》卷十七中说:"按,和尚名甚奇,《广韵·二十二覃》有面含字,火含切,面红也。岂以貌得名邪?"咸同兵燹后,憨憨泉湮失。光绪十三年(1887)重又发现,加以疏浚,并盖井亭,今亭已不存。

憨憨泉之上有不波小艇,为1980年代初重建,作旱

憨憨泉

不波小艇　摄于 20 世纪 20 年代

船造型，卷棚歇山顶，南北向三间。艇南敞开如戏台，额曰"海不扬波"，檐柱有集钱大昕旧句一联，曰："花开月榭风亭下，炼句功深石补天。"此联很奇怪，平仄无误而句不成对，有点莫名其妙。

沿山街再上，东侧有一椭圆形大石，中有一道笔直的裂痕，好像被劈开似的。旁有竖石镌隶书"试剑石"三字，本亦为吕升卿书，年久蚀失，清人王宝文重书。古代地质科学不发达，不知这道裂痕是垂直节理发育的结果，因此就引出故事，或说是阖闾试剑处，或说是秦始皇试剑处，这当然都是野话。

山街西侧，有一上尖下圆的大石，形似仙桃，乃属火山岩的球状风化石。1954年在山下被发现后移置于此，寺僧果严题"石桃"两字。

再上，西侧又有一大石，形似枕头。相传晋高僧竺道生曾倦倚此石，故称"枕石"。因为它一头大而圆，一头略尖，有点像蜒蚰，又俗呼"蜒蚰石"。游人对它的兴趣最大。范广宪在《虎丘柳枝词》中有云："世间多少痴儿女，瓦砾纷投卜弄璋。"自注："今妇女怀孕者多投瓦砾于其上，占卜男女，中者为男，坠者为女，颇为可笑。"

过枕石而北，山街东有亭翼然，亭下大石上镌"香魂"两字，即山中艳迹真娘墓。关于真娘最早的记载，见于李绅的《真娘墓诗·序》："真娘，吴之妓人，歌舞有名者。死葬虎丘寺前，吴中少年从其志也。墓多花草，以蔽其上。"

虎 丘

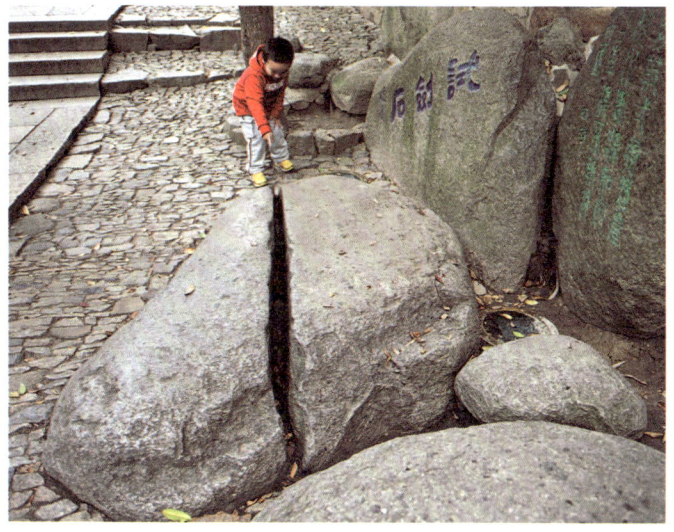

试剑石

石桃

枕石

唐人题咏真娘墓的诗很多。郑樵的《通志·艺文略第八》著录:"《虎丘寺题真娘墓诗》,一卷唐刘禹锡等二十三人。"其中白居易的一首《真娘墓》最被人称赏,诗云:"真娘墓,虎丘道。不识真娘镜中面,唯见真娘墓头草。霜摧桃李风折莲,真娘死时犹少年。脂肤荑手不牢固,世间尤物难留连。难留连,易销歇;塞北花,江南雪。"据范摅在《云溪友议》卷中记载,当时题真娘墓的诗栉比鳞次,有举子谭铢过其地,更题一首,云:"武丘山下冢累累,松柏萧条尽可悲。何事世人偏重色,真娘墓上独题诗。"自此以后,经游者稍息笔矣。

至元末,顾瑛在《虎丘十咏·真娘墓》中有云:"何处真娘墓?云埋断石根。"高启在《赋得真娘墓送蟾上人之虎丘》中有云:"断碑山寺里,小冢竹林边。"可知已墓荒碑断了。明季兵燹,断碑也沦弃了。清康熙三十三年（1694），新安人张潮在墓前重立"古真娘墓"碑，但后来也不知去向，甚至连墓在哪里也茫然了。乾隆九年（1744），泰州人陈鑛流寓虎丘，在东山庙后厕中发现唐真娘墓断碑，又在寺僧的帮助下找到了墓址，他在《重修真娘墓记》中说：

真娘墓

"葬残碑于穴中，树新石于旧地，覆以小亭。"这座亭子毁于咸同兵燹，同光重建时，在土中发现了张潮题碑，就把它补嵌在亭的南墙上。今亭东墙中央是陈鑛所题"古真娘墓"碑，南旁是张潮题碑。两侧石柱有清人沈本千集吴文英句联曰："半丘残日孤云，寒食相思陌上路；西山横黛瞰碧，青门频返月中魂。"亭西石柱联曰："香草美人邻，百代艳名齐小小；茅亭花影宿，一泓清味问憨憨。"这是乾隆朝大学士刘墉的旧联，由今人重书。

真娘墓之东的高坡上，1955年建孙武子亭，1984年重建，为六角攒尖顶石亭。孙武子亭东北有古东丘亭，在明前就有了。高启与徐贲善，并列"吴中四杰"。徐贲囚

孙武子亭

是张士诚旧部被谪居临濠,洪武元年(1368)放归,是年秋,与高启同登此亭,有诗唱和,高启作《徐记室谪锺离归后同登东丘亭》,徐贲诗则作《登东皋亭答季迪》,可见东丘亭一作东皋亭。今重建为四角攒尖顶石柱方亭,亭柱联曰:"负郭烟云堤七里,邻溪箫管石千人。"乃今人书顾苓旧句。

由真娘墓北上,至山街尽头,让人豁然开朗,视野为之一宽。只见一片由西南向东北倾斜的盘陀大石铺展眼前,面积一千多平方米,即是负有千古盛名的千人石。千人石是典型的流纹岩,含有氧化亚铁成分,故呈紫绛色,雨后尤其鲜明。相传当年阖闾墓告成,吴王夫差为防泄密,将一千多名工匠骗到石上饮酒庆功，酒酣之际，刀斧手突然杀出，工匠全部遇害，一时血流成河，渗入石中，形成了永不消退的血痕。又相传竺道生说法于此，故又名千人坐，《吴郡图经续记》卷中就说："俗传因生公讲法得名。"千人石北壁有石刻"生公讲台"四篆字，分置四石，相传为唐李阳冰书，或说宋蔡襄书，或说宋邵必书。其西有石刻胡缵宗篆书"千人坐"三字。

千人石

千人石上有两座经幢。一座是后周显德五年（958）高阳许氏捐建，幢八面，刻《佛说大佛顶陀罗尼经》，原幢毁于"文革"，今幢是1981年据旧影复制。另一座是明万历二十年（1592）由寺僧净杼、通密募建，幢四面，刻《金刚般若波罗蜜经》，由晚明苏州石刻名手章藻书刻，"文革"中亦遭罹难，幸残损不多，于1981年修复。

千人石东北有白莲池。据正德《姑苏志》卷八说，当生公说法时，"池生千叶莲花，故名"。池中有矶，名钓月矶。矶上有方石，王宝文篆"点头"两字，即所谓点头石。池上有采莲桥，西接千人石，东连点头石。又有净土桥，为明弘正年间寺僧宗洗所建，《虎阜志》卷八称其"捐衣资立石阑四十柱于莲池，又建净土桥、石佛二躯"。桥由五条花岗石排列而成。

花雨亭在白莲池东，为四角攒尖顶的石柱方亭。相传生公说法时，不但顽石点头，白莲盛开，天上也纷纷飘下花瓣来。亭在宋元时尚存，久废，且亭址无考，20世纪

"生公讲台" 宋邵必书

明万历经幢

点头石　摄于20世纪30年代

50年代建亭于此。亭西有涧谷,水流潺湲,与白莲池相通。相传清远道士养鹤于此,故名养鹤涧。宣德年间住持守定在涧东筑放鹤亭,毁于咸同兵燹。1955年在旧址重建,为五角攒尖顶石亭。养鹤涧南,还有古木寒泉亭。《虎阜志》卷二中引文《志》言:"在剑池南,悬虚而成。修林翳翳,阴涧湛湛,前荣遐瞩,极疏旷焉。元至元四年,僧普明重建。"亭在清乾隆前已废。今亭于1991年重建,为六角攒尖顶木结构敞亭。

千人石东北隅,有上大佛殿的磴道,其前身是唐代走砌石,五代末在山上建寺,砌石阶53级,故称"五十三参",晚明番禺人黎遂球题名"玲珑栈"。袁枚在《随园诗话》

卷一中说:"虎丘山坡五十余级,妇女坐轿下山,心怯其坠,往往倒抬而行。"袁学澜在《虎阜杂事诗》中有云:"五十三参石级横,下山危险易心惊。吴姬妙有安身术,却唤香舆倒转行。"

千人石北侧有一方形石亭,四角攒尖盔顶,三面敞开,南面额枋题"二仙亭"。外柱联曰:"昔日岳阳曾显迹,今朝虎阜更留踪。"内柱联曰:"梦中说梦原非梦,元里求元便是元。"亭内壁置像碑两方,分别是《纯阳吕祖师自叙》碑和《希夷陈祖邻序附传》碑。"纯阳吕祖师"即吕洞宾,名岩,唐蒲州人,经锺离权点化成仙,乃属"八仙"之一。"希夷陈祖"是陈抟,五代真源人,隐居山中辟

养鹤涧

谷修仙，闭门高卧，百日不起，却能知天下事，宋太宗赐号希夷先生。

这二仙亭是有来历的。虎丘旧有三仙阁，在养鹤涧西，清康熙二十七年（1688）王玉鼎即鹤涧亭址建。据《桐桥倚棹录》卷三记载，阁中"上奉文昌、吕祖、张仙，阁下又有南极老人星、孙膑、冷谦像"。一阁祀六人，主题不明确，香火一直不旺。乾隆十一年（1746），三仙阁道士吴静安声称，吕洞宾和陈抟扶乩降坛，不但自叙生平，而且透露了成仙秘诀，于是就刻了这两方像碑，嵌置于三仙阁壁上。此事哄传一时，前来进香的人络绎不绝，三仙阁就此热闹起来，并改名吕仙阁。嘉庆三年（1788），因吕仙阁坍圮，有王世陛、王曰柱两兄弟在千人石北造了这座石亭，将两方像碑移置于此。1966年亭中两碑俱毁，1981年据拓本复制重立。

二仙亭之西，石壁上有两方石刻，一方两字，合为"虎丘剑池"。正德《姑苏志》卷八中说，这四个擘窠大字乃颜真卿所书。据黄本骥的《颜鲁公年谱》记载，颜真卿一生来过虎丘两次，第一次是开元九年（721），颜真卿13岁，随母至苏。颜鲁公《刻虎丘清远道士诗因而继作》有云："不到东西寺，于今五十春。"50年后为大历六年（771），

二仙亭　摄于20世纪10年代　　二仙亭

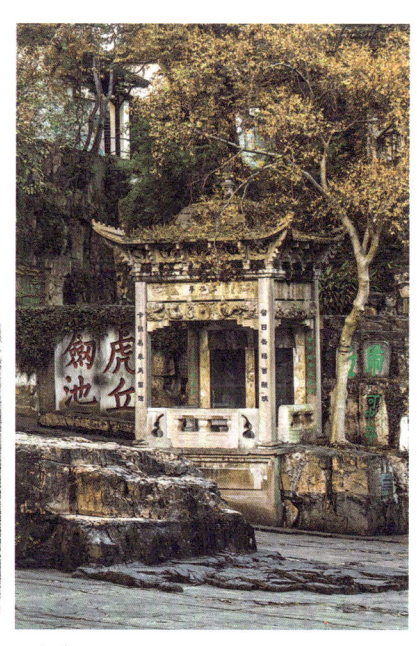

故刻清远道士诗及作和诗，均在此年，这四大字亦当题于此年。

至明万历年间，"剑池"这方石刻不见了，剩下"虎丘"一方也因年久剥蚀，"虎"字中断。这时，户部主事马之骏因主管浒墅关税务，常来虎丘游览，见到石刻缺失，便图修复。先是在土中找到"剑池"原石，居然完好，就请章藻钩摹"虎丘"两字，重刻于另石。万历四十二年（1614）二月刻成，便将两石一起复归原位。因"虎丘"两字是补刻的，故有"假虎丘、真剑池"之说。一说"虎丘剑池"为蔡襄所书明赵均《寒山堂金石林时地考》言："'虎丘剑池'四大字，蔡襄真书。相传为颜鲁公书，今查旧《虎丘志》，订为蔡公书无疑。"倪涛在《六艺之一录·石刻文字八十九》中说："'虎丘剑池'四大字，颜真卿书，在虎丘寺剑池畔。又有蔡襄书，在观音殿石壁后，字更大。"孰是孰非，有待专家进一步考论。

"虎丘剑池"石刻之西，有一道围墙，筑于民国前期，中开圆洞门，额曰"别有洞天"，入洞门便是剑池。

"虎丘剑池"石刻

进入洞门，景象顿异。只见两面石壁陡立如削，半空石桥飞架，下临一泓清泉，

别有洞天内

气势险奇，仿佛置身绝崖深壑，顿觉寒气森森。西崖壁上有"剑池"两大篆字，为元周伯琦所书。旁有明高启的《阖闾墓》诗，也是篆字。西南崖壁上刻行书"风壑云泉"四大字，相传为宋米芾所书。东崖壁题名甚多，有两方值得注意。一方曰："长洲令吾翕、吴令胡文静、昆山令方豪，闻剑池枯，见吴王墓门，偕往观焉。万年深閟，一旦为人所窥，岂非数耶！命掩藏之。正德七年上元前一日志。"另一方曰："正德七年正月，郡王山椿、侯权、任云藩、祖与之登虎丘，于时剑池水涸，传观阖闾之幽宫。千年神秘，一旦露显，可悼也已！□□□□庭字利瞻。同游，少傅王鏊、解元唐寅、孝廉陈□□、少傅之子延喆、延龄。"此事发生在正德七年（1512）正月，因剑池干涸，北端露

剑池

出一个人工穴口,一时哄传,诧为异事。

剑池下有墓门,北宋就有发现。《桐桥倚棹录》卷一引《丛编》:"虎丘剑池是阖闾埋玉处。一潭清泠,深不可测。宋戊子岁,忽干暵,中见石扉。游人竞下探之,惟见石扉上题诗二绝而已。""宋戊子岁"是庆历八年(1048),"埋玉"有两解,一是指任何人褒义上的埋葬处,二是专指女子的埋葬处。

虎丘相传为阖闾墓所在,文献记载甚多,毋庸赘言。有人认为,吴王爱女也葬在那里。王世贞的《题虎丘剑池》就咏道:"吴王爱女瘗山丘,宝剑三千白虎游。"但墓是否被发掘,剑池是否因发掘而形成,历史上众说纷纭。

其一,据《汉书·刘向传》记载,刘向上疏劝成帝建陵不要太奢华,举例说:"逮至吴王阖闾,违礼厚葬,十有余年,越人发之。"这是说周敬王三十八年(前482),越兵破吴都,这是勾践发掘阖闾墓的大好机会,但没有记载。至周元王四年(前473),吴亡于越,勾践更是可以肆无忌惮,但也没有记载。俞平伯在《谈虎丘剑池》一文中说:"《大戴礼记·保傅篇》:'越王不颓旧冢而吴人服。'只此一句,故事不详,亦未见他书,盖别有所据,而今亡矣。北周卢辩注曰:'盖勾践也。'下又云'皆得民心也'。按卢说'越王'为勾践,于'旧冢'无注,以义推之,盖即阖闾冢。或更包括其他吴先王,主要的在于阖闾,注谓'得民心'者指此而言。吴山越水,佳话流传,此'虎丘剑池'所以为千秋名胜,固不仅风景之佳。"说得很清楚,勾践没有动阖闾墓,自然与剑池没有关系。

其二,唐陆广微在《吴地记》中说:"秦始皇东巡,至虎丘,求吴王宝剑,其虎当坟而踞。始皇以剑击之,不及,误中于石。其虎西走二十五里,忽失。于今虎疁,唐讳虎,钱氏讳疁,改为浒墅。剑无复获,乃陷成池,故号剑池。"这是说剑池是秦始皇发墓形成的。

其三,唐李吉甫在《元和郡县志·江南道一》中说:"阖闾葬于此,秦皇凿其珍异,莫知所在。孙权穿之,亦无所得。其凿处,今成深涧。"这是说剑池是秦始皇、孙权相继发墓形成的。

其四,《虎阜志》卷二上引宋朱长文《余集》称:"剑池,盖古人淬剑之地。"这个说法在其他文献里未见记载。

其五,宋王禹偁在《剑池铭序》中说:"虎丘剑池,泉石之奇者也。《吴地记》引秦皇之事,以为诡说。考诸旧史,则无闻焉。"铭有曰:"池实自然,剑何妄传?"他认为剑池是天然生成,不是人工开凿的。

种种说法,莫衷一是。1955年,因疏浚剑池,戽干池水,出清污泥,见到了池底的真实情况。张墀山等在《苏州风物志》中作了介绍,大意谓"剑池两壁自上到底切削平整,池底也很平坦,没有高低欹斜现象,显然是由人工开山劈石所凿成"。"于池北最狭处,发现一个'∧'式形洞穴和向北延伸约一丈多长的隧道,可容身材魁梧的人单独出入,举手可摸到顶,从上到下方正笔直。不难推断,也是人工开凿而成"。"前面有用麻砾石人工琢成的长方石板四块,一块平铺土中作底座,三块横砌叠放着,好似一大碑石。每块石板的面积约二尺半高,三尺多宽。第一块已脱位,斜倚在第二块上。第二块石板面上有凸出如碗口大小的铁锈疤痕迹。这些石板门的石质不同于虎丘本山的火成岩,表面平整。由于长期受池水侵蚀,显露出横斜稀疏的石筋。根据形制分析,这是一种洞室墓的墓门。剑池是竖穴,南北向,池底的石穴是通路,这和春秋战国时代的墓制形式是完全相符的"。这就很清楚了,剑池是利用山岩的垂直节理发育,向下开凿出来的,目的是为了保护墓室。

剑池崖壁石刻

  2012年，剑池及摩崖石刻被列入江苏省文物保护单位。

  在二仙亭上方半坡处，从"风壑云泉"东侧拾级而上，有一石亭，六角攒尖顶，顶结石葫芦，即可中亭。亭始建年代不详，元后至元年间经普明重修。"可中"之名，也典出竺道生。《法苑珠林·说听篇·感应缘》中说，道生"后还都，止青园寺，宋太祖文皇帝深加叹重。后太祖设会，帝亲同众御于地筵，下食良久，众咸疑日晚。帝曰：'始可中耳。'生曰：'白日丽天，天言始中，何得非中。'遂取钵食，于是一众从之，莫不叹其枢机得衷"。这是发生在建康青园寺的事，故雨花台昔有可中亭。刘禹锡在《金陵五题》之《生公讲堂》中云："生公说法鬼神听，身后空堂夜不扃。高坐寂寥尘漠漠，一方明月可中庭。"如何

远眺可中亭

会移来虎丘，总有点牵强附会，明人就改名为可月亭，见徐乾学《虎丘山志·序》、都穆《游郡西诸山记》等。但有人认为"可中"比"可月"好，毕竟与在虎丘说法的竺道生有关，于是两名并存。今亭东石壁有"可中亭"三字，为康熙元年（1607）曲沃人卞元所书。

从可中亭上行，折西便是双井桥。自建寺山上后，寺僧就改用剑池水了。宋时寺僧数百人，用水量大，上下汲水相当劳累。南宋隆兴二年（1164），有陈敷文者小住虎丘，见僧人汲水，登降百级，喘吁力屈，不暇息肩，于是出钱二十万，跨两崖建楼，在楼底开洞加栏，用吊桶向下

双井桥

取水。既方便又安全，且能风雨无阻，大大减轻了寺僧的劳动强度。为感谢施主，寺僧称它为陈公楼，又朝请郎王晓为其撰《虎丘陈公楼记》。过了几十年，陈公楼坍圮了。住持僧霭在原址造了一座平梁石拱桥，长7米，宽3.3米，下距池水约10米。桥面上开两口井洞，并安上辘轳用吊桶取水，故称双井桥，俗呼"双吊桶"。据明谢时臣《虎丘春晴图》、清潘思牧《虎丘山图》等描绘，桥为典型的廊桥样式。廊久已不存，晚近为游人安全起见，安装铁栏、井栅。

双井桥东即悟石轩，明嘉靖四年（1525）苏州知府胡缵宗建。原为两层楼阁，坐北朝南，初名得泉楼，御史朱实昌额以"悟石"两字，典仍出"顽石点头"，故辟楼上为生公阁。轩坐落于山顶南崖。杨应诏在《游虎丘记》中说："轩侧有剑池，侧立数千尺，两崖壁削如剖。"文徵明有诗《九日雨中虎丘悟石轩燕集》，杨补有诗《答梁溪黄心甫寓悟石轩寄怀》，可知明代此轩可供宴饮、留宿。崇祯二年（1629）大火，悟石轩亦付烬灰。后由苏州知府史应选重建，范允临题额。倪涛在《六艺之一录·古今书论》中说："范大字最妙，虎丘'悟石轩'三大字不在董下。"清康熙二十八年（1689），圣祖第二次南巡前，苏州官民为感戴"将江南全省积年民欠一应地丁、钱粮、屯粮、节课、米麦、豆杂税概与蠲除"的圣旨，将悟石轩改建为万岁楼。虎丘尽有空地可造楼，为何要占轩而建呢？

悟石轩内

顾湄在《万岁楼记》中说："盖轩基当正中之位，俯瞰千人石，前临山门，左右峰环砂拥，回廊曲槛，适符众星拱极之形。"也就是说，它的位置在山丘高处的中心，具有象征意义。

万岁楼毁于咸同兵火，光绪中在遗址重建悟石轩。今轩为1956年重建，20世纪80年代又重修。轩五间，三明两暗，有落地罩隔出左右耳室。轩北廊有草书联曰："烟雾常护林峦胜，台榭高临水石佳。"乃移用圣祖题行宫龙楼联语。轩南有平台，可凭栏观景。轩北有紫藤小院，墙上嵌雍正十二年（1734）徐陶璋所撰《虎丘悟石轩万岁楼碑》。

从千人石西侧拾级而上，有一圆洞门，砖额"第三泉"

第三泉

三字，为申璋所书。进入洞门，只觉崖峭池深，景象幽奇，石崖和水池构成了一方苍古的空间。池周石壁呈赭色，天然纹理，状如铁花。苏轼有"铁花秀岩壁"句，故名之"铁华岩"。石壁镌清康熙时两江总督范成勋所题"铁华岩"三大字。铁华岩下有天然石涧，相传陆羽于此品水，以为天下第三，故名第三泉。石壁镌明人芝南所题"第三泉"三字。据张又新的《煎茶水记》记载，刑部侍郎刘伯刍品"苏州虎丘寺石水第三"，而陆羽品"苏州虎丘寺石泉水第五"，刘冠陆戴，故又名陆羽井、陆羽石井。岁久淤塞，范成大绍熙二年（1191）作《再到虎丘》，自注："虎丘石井在张又新东南，水品第三。今寺僧不能名其处，妄指寺中一土井当之。经藏后有大方井，旧名观音井，上有石柱，为挂辘轳之处，疑此是古石井。今井已堙塞百年，柱亦徙他用，累讽住山者多邈然，今以语壁老。"住持如壁接受范成大的建议，次年便疏浚了古石井。《吴郡志》卷二十九说："时郡守沈揆虞卿闻之，往观大喜，为作屋覆之，别为亭于井傍，以为烹茶宴坐之所。自是古迹复出，邦人咸喜。"1955年疏浚时，发现底部有一口深约两米的青砖井，井砖为狭长的六朝砖，可见隋前已有此井了。

　　明正德年间，长洲知县高第重疏第三泉，并筑"品泉""汲清"两亭于其上。至万历后期，泉已淤塞，且两亭俱毁，申用懋捐资再次疏浚，并在其上筑三泉亭。亭在第三泉西，架立于两崖之上，为四角攒尖顶石亭，咸同

申公祠

年间被毁。1925年申振刚重建。三泉亭西侧高处有一倚墙而筑的木构半亭，卷棚歇山顶，亭内墙上嵌置乾隆四年（1739）《重修三泉亭文昌阁记》。

三泉亭南即申文定公祠，祀申时行，硬山顶，面阔三间，坐西朝东。申时行字汝默，号瑶泉，苏州府长洲县人。嘉靖四十一年（1562）进士第一，以文字受知于首辅张居正，累官至尚书兼大学士，后任内阁首辅9年。致仕回乡后，常游虎丘。万历四十二年（1614）卒，诏赠太师，谥文定。四十八年（1620），其子申用懋建祠于此。祠毁于咸同兵燹，1920年申振刚重建。1953年后一度改设为小卖部。今祠内南北墙嵌《申文定公祠记》和瞿中溶的《立大士像题记》，北墙嵌有陈继儒所撰的《三泉亭记》，乃从三泉亭移来。

申公祠南有石观音殿，原名应梦观音殿。《采风类记》卷四记载了它的来历："宋湖州臧逵侍亲秀州，得瘵疾，斋素诵观音经，梦白衣人针耳，疾遂愈。逵欲为观音像，祈梦见之。一夕梦示行道相，逵觉而画焉，所谓应梦观音是也。后得美石，令弟宁造像，覆以石室，今应梦观音殿是也。"殿建于北宋熙宁七年（1074），当时左仆射曾公亮等八十余人，各书《妙法莲华经·观世音菩萨普门品》，共九十行，勒石十余方嵌置殿壁。此殿屡遭火厄，石壁坼裂，但石像和碑刻基本完好。"文革"中，像碑均被击碎，殿被拆除，改建为茶室。今重建者，前后两进，面阔三间，

石观音殿遗址

冷香阁

冷香阁夜景

有廊屋和庭院。门前有砖额"古石观音殿",院中保存了石观音殿的残存,廊屋中新刻白描观音图,置今人撰书《虎丘石观音殿遗址保护记》等。

石观音殿南,即冷香阁,为歇山顶两层楼阁,上下皆面阔五间,东、南、西三面有环廊,庭中植有红绿梅数百株。阁建于1919年,金天羽在《冷香阁记》中说:"岁戊午上元,天微雪,余挈二子跨驴至山塘寻梅,梅无一本焉,憩于拥翠山庄。庄背选地得隆阜,思种梅三百,建阁于其上。"这个想法得到友人费树蔚、汪家玉等人赞助,于是鸠工庀木,次年春落成。"冷香阁"三篆字为十五龄童洪衡孙所书,分镌三石,嵌置东外墙。内东墙和后墙嵌置萧蜕所书《冷香阁记》,以及经费收支报告刻石,共九方。阁下主间悬丁愚《虎阜全图》,左悬费树蔚律诗四首,右悬陈文伯梅花四轴。阁上主间悬陆铁夫《虎阜全图》,左悬李宝章律诗四首,右悬刘照等梅花四屏,俱为一时名流所作。20世纪50年代辟为茶室。"文革"时,阁中书画、联额、陈设全毁。

今阁中陈设已布置一新。楼下主间悬苏渊雷"巡檐索笑"额,两旁联曰:"潭水光中塔影,梅花香里钟声。"楼上主间悬俞平伯"旧时月色"额,两旁联曰:"梅华三百树,有远山环抱,高阁冯陵;榛莽一丸泥,赖名士题碑,英雄葬剑。"主间后悬"冷香阁"额,两旁有长联曰:"大吴仍巨丽,最惆怅恨别惊心,感时溅泪,安得生公说法,点头顽石亦慈悲;高阁此登临,试领略太湖帆影,古寺钟声,有如蓟子还乡,触手铜仙总凄异。"乃张一麐旧联,由今人补书。后墙有"八仙过海"瓷画挂屏四条。西廊墙上嵌置今人撰书《重修三泉亭记》。

旧时登冷香阁,西可眺望灵岩、天平诸山,东可一览千人石景色。春日梅开,幽香一片,尤为游赏佳处。

第三章　山巅丽瞩

1961年列为首批全国重点文物保护单位的云岩寺塔，巍然耸立于山巅塔院中。它与杭州西湖雷峰塔属同一类型，为七级八面楼阁式砖塔。1956年在修塔时发现，塔砖有"武丘山""弥陀塔""己未建造""庚申岁七月羊日僧皓谦督造此寺塔"等铭文。"己未"是显德六年（959），"庚申"是建隆元年（960），"弥陀塔"或是这座新塔的名称。又出土经箱上有"建隆二年十二月十七日入宝塔"诸字。由此可以证明，该塔始建于后周显德六年（959），北宋建隆二年（961）落成。至道中改为云岩禅寺后，此塔遂称云岩寺塔。自南宋至晚清，曾遭七次火焚，历经元明四次大修和十多次维修。由于塔刹早毁，原塔高度不明，今塔高47.7米。

塔的外形完全是仿楼阁式木塔，屋檐、平座、柱额、斗栱等用砖按木构形式制造构件拼装起来。塔的结构平面作正八边形，自内向外依次为塔心方室、塔心、回廊、外

虎丘远眺　摄于20世纪10年代

壁，壁外有倚柱、槏柱，支撑平座和腰檐。每层楼面都有梯洞，有木楼梯供上下。各层都有精美的藻井和浮雕式彩塑，彩塑大都为牡丹图案。

如今它的外观，很像一支巨大的玉米棒，但在咸同兵燹前，却不是这样。据明清绘画以及咸丰十年（1860）前外国人拍摄的照片来看，它顶有塔刹，每层有木结构平座和腰檐，每层檐下悬有塔铃。塔刹的坠落，腰檐和平座的被烧毁，必在咸同之际。虽然至今仍保持劫后的面貌，却也更显得古朴苍凉。

塔的倾斜，据在第七层发现的"福禄寿"砖来看，约始于明末，当时塔身已向西北倾斜，故在修整时改变重心，将第七层倾向东南。咸同兵燹后，倾斜愈厉。光绪三十二年（1906），日本记者德富苏峰来游，他在《中国漫游记·禹

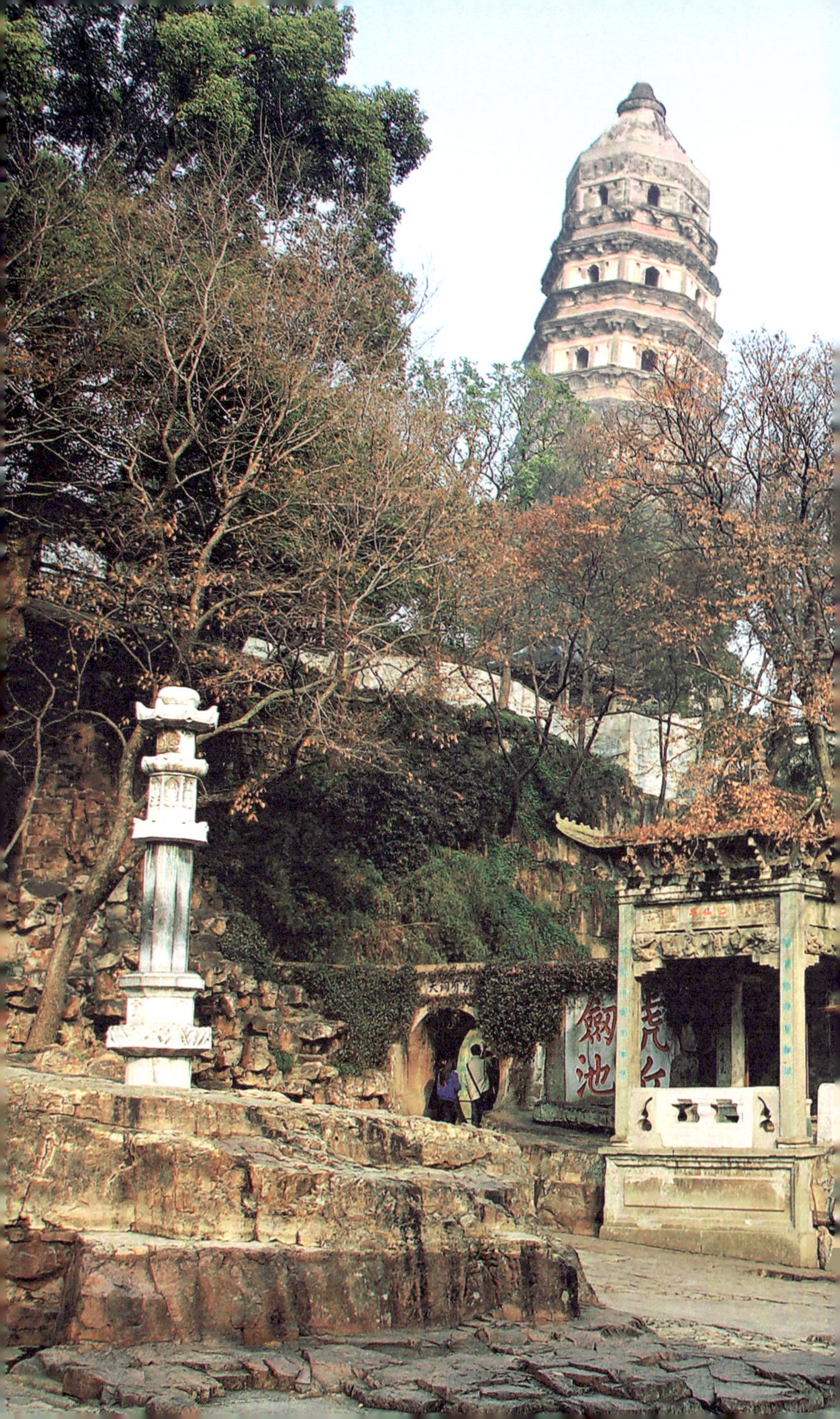
劍池

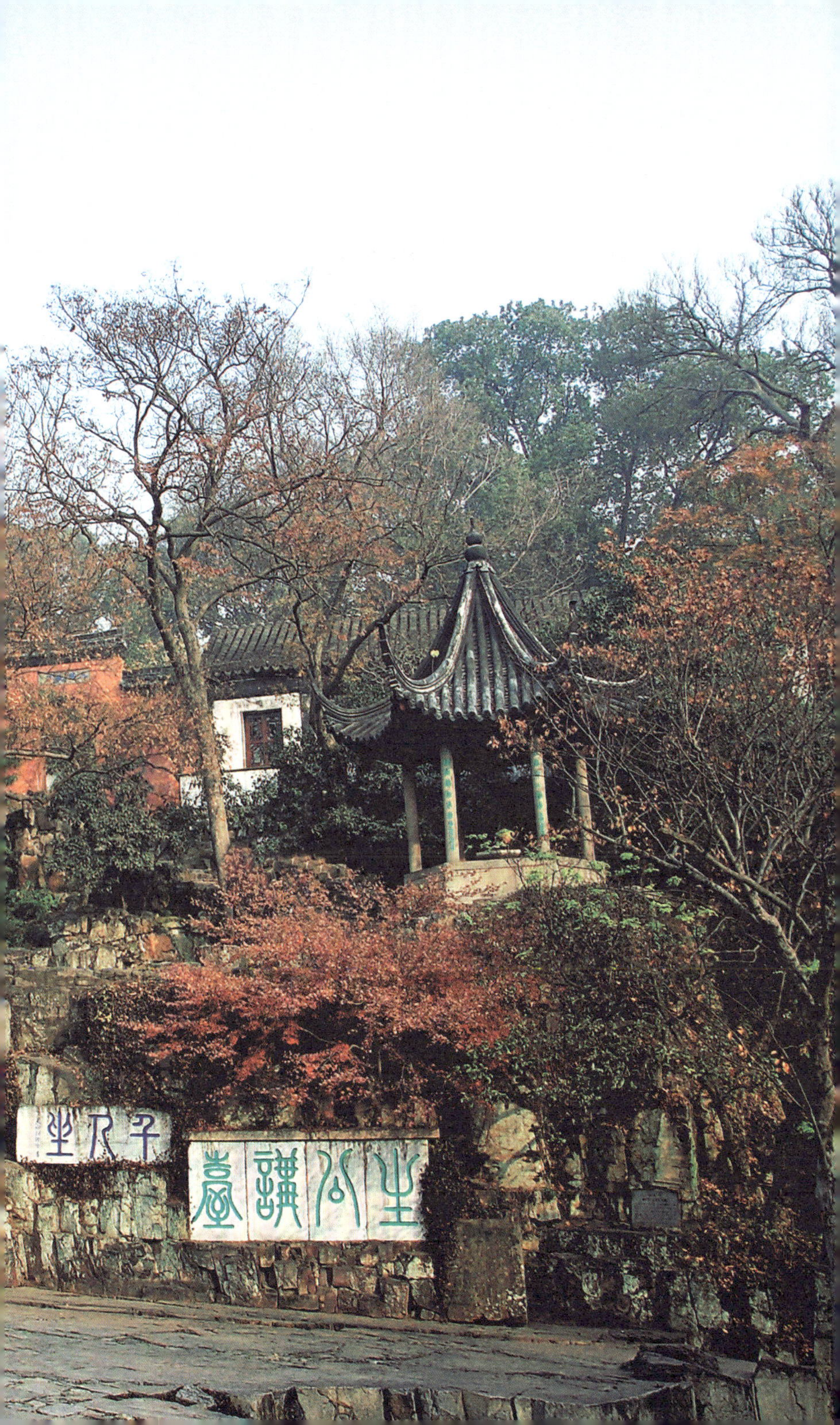
千人坐
生公讲台

塔上俯视

修塔　摄于 1980 年代

域鸿爪录》中说："砖塔已经倾斜，塔身上缠满了杂草和灌木的枝丫。"美国旅行家威廉·埃德加·盖洛（Willian Edgar Geil）《中国十八省府 1910》（*Eighteen Capitals of China 1910*）中说："位于虎丘山的那座斜塔指向了西北。"随着时光的推移，虎丘塔的倾斜更厉，且有多处开裂，裂缝很大。到 20 世纪 50 年代初，塔尖倾斜已达 2 米多，必须加以修复。苏州市建筑公司王国提出用高压水泥枪灌嵌砖缝、用钢筋围固塔身的施工方案，1957年实施后效果很好。80年代又进行了以加固地基、基础为中心的抢修工程，阻止了它的继续倾斜。

20世纪50年代和80年代的两次维修，在塔中发现不少珍贵文物。在第二层发现长方形石函，每面浮雕佛像五尊，并镌有"金字法华经"等字；石函内置鎏金镂花楠木经箱，上有"建隆二年男弟子孙仁郎镂"等字；经箱内有经七卷，包以黄袱，每卷绢面上都写有捐舍人姓名等字；经箱内还有绣花经帙、银丝串珠、木珠、菩提珠、小珍珠串、小挂饰、象牙等；石函顶部及前后有陶香炉、檀香、青瓷碗、油盏等物；经箱上钱囊里有唐开元至宋初的钱币共10种，重35千克。第三层发现倒梯形正方石函，石函内有罩形铁函，铁函内有铁制涂金塔，塔身中空，内藏"迦叶如来真身舍利"；石函外有越窑青瓷莲花碗一只、铜佛像四尊、铁制莲瓣形佛龛、檀香雕三连佛龛、铜镜四面、

宋铸铁涂金舍利塔

古钱十千克等。第四层发现残石造像、无头石佛，以及刮泥木刀、木楔等劳动工具。另外在塔壁泥灰中发现竹钉，上粗下锐，帽头并绕麻丝，在古建筑材料中罕有发现。在塔下出土铁刹覆钵，以及"朱明寺大德塔"残碑。此碑上有"大历四年""宝历元年"等百余字。朱明寺碑如何会出现在虎丘塔下，也是一个疑问。

致爽阁在云岩寺塔西，并非故处。1930年寺僧宣楞重建于此，作歇山顶，面阔三间，坐西朝东。中为主厅，主间后隔有板屏，四面有回廊，可凭眺风景。

最早的致爽阁在塔北，始建于南宋，坐东朝西。范成大《致爽阁》诗云："碧嶂横陈似断鳌，画阑相对两雄豪。东轩只有云千顷，不似西山爽气高。"顾瑛《致爽阁》诗云："高阁对西山，飞岚落几间。开襟致秋爽，心与白云闲。"四山爽气，日夕西来，就是"致爽"的由来。嘉靖三年（1524），胡缵宗将其移建于北宋小五台遗址，改名大吴轩，后复名致爽阁，文徵明题额。万历年间，申时行曾悬魁星像于阁上，以祈苏州文运昌隆，故又称文昌阁。康熙后被圈入行宫内，咸同时毁于火。

雪浪亭在致爽阁东，为卷棚歇山顶石柱方亭。其名源自明代在剑池上的雪浪轩，有范允临书额。此处曾是名僧洪恩的住处，其号雪浪，自题画像偈有曰："雪浪庵中不死人，走向江南说消息。"轩毁于咸同兵燹。今亭建于原轩之西，在前"国魂家"遗址上。今亭柱刻于右任旧联：

致爽阁内

"登高丘而望远海，倚长剑以临八荒。"

巢云廊在致爽阁东南、剑池西崖上方，为一沿岩壁走向的曲廊，临崖俯水，千人石诸景一览在目。廊名借乾隆年间僧祖通所建的巢云阁，阁在铁花岩上，居高临下，有身处云天之感，故得名。1990年建巢云廊于此，两端各为方亭式，北端为卷棚歇山顶方亭。廊顶做卷棚式，侧有栏杆。

大佛殿坐落在五十三参之上，原三山门旧址。原殿为明初住持普真重建，洪武二十七年（1394）毁于火，永乐年间僧性海重建。《虎阜志》卷五引茹《志》言："视旧加高，作重檐，改向前，使去塔远。"永乐十九年（1421），都指挥使童福海重建，门额上题"虎丘云岩禅寺"，内塑四大天王像，故改称天王殿。清顺治四年（1647），总兵杨承祖再次重建。咸同兵燹毁后，同治十年（1871）郡人陈德基募建，改供佛祖如来，上悬陆润庠书匾"我佛慈悲"。殿前偏东悬日本和尚日照所铸大钟，乃红顶商人胡雪岩捐送。1966年，殿内佛像及香供设施俱毁，1980年恢复了主间佛像一堂，供游人瞻仰和信徒参拜，但不举行佛事活动。

今大佛殿作鱼龙吻脊硬山顶，面阔五间，中三间为佛殿。主间中央筑有高台，上塑如来坐像和阿难、迦叶侍立像。两侧墙上挂有沈子丞所绘十八罗汉画像。殿内悬"香界连云"大匾，原为清圣祖御书，今集字复制。殿柱上有

巢云廊

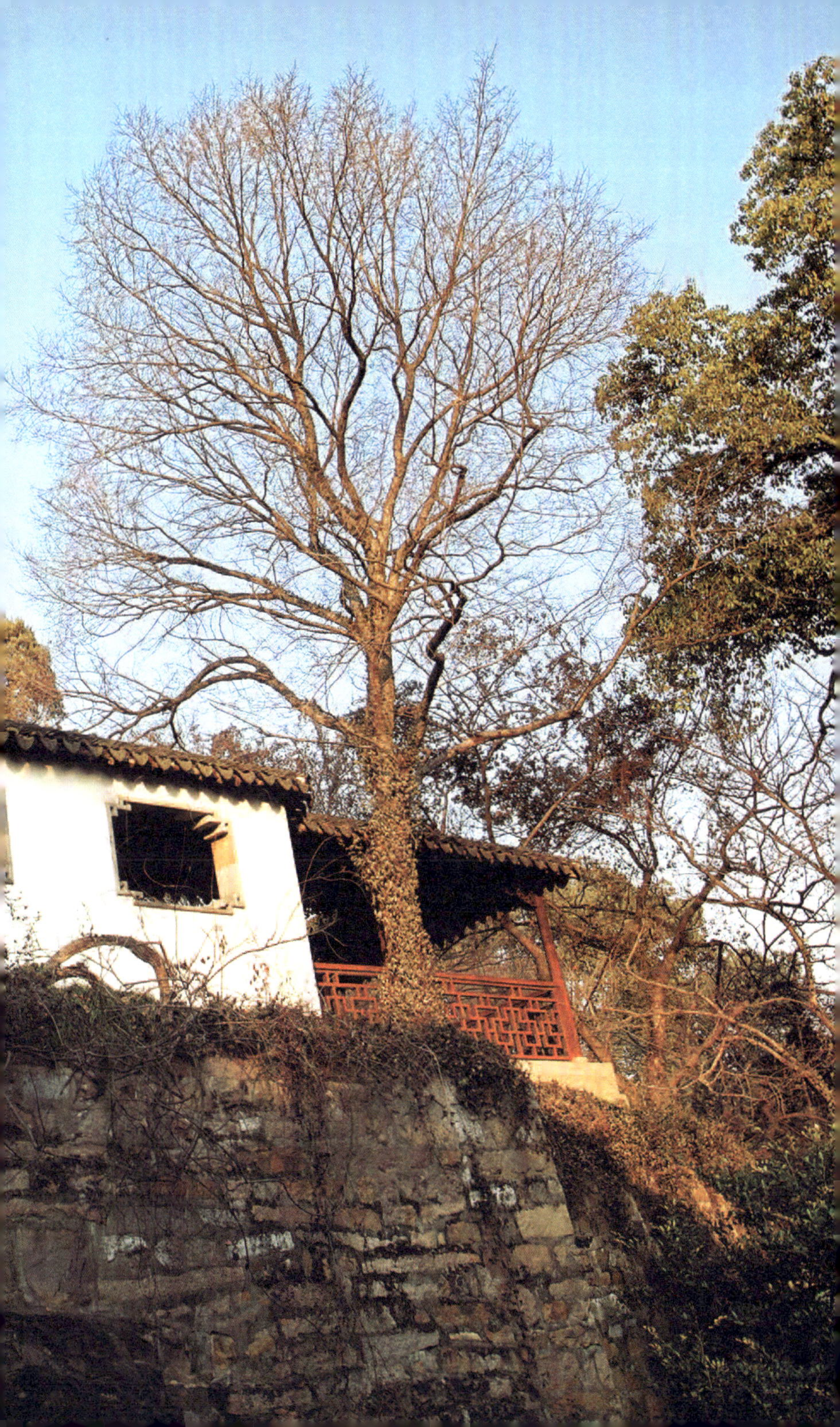

大佛殿外

金字楹联:"古栝荫垂苔蹬润,瑞莲香袭镜池清。"本是圣祖题于禅堂,由原住持楚光补书。

大佛殿东原有千手观音殿,明嘉靖三十一年(1552)建,清乾隆十九年(1754)重建,五十九年(1794)重修。殿内有檀香木雕刻的四面千手观音像,每面有手250只,每手心有一眼,故又称千手千眼观音。王昙室人金礼嬴作长联曰:"水光三昧,月光三昧,为勘破廿四圆僧眼目,当年海国潮音,耳观门门,装几个居士宰官婆子相;现夫人身,现命妇身,且放下八万母陀手臂,今日虎丘山寺,春风面面,看一班红男绿女大家参。"咸同年间殿毁,光绪年间重建。千手观音像于1967年被焚毁,空殿亦因梁柱遭白蚁蛀蚀被拆除。

虎　丘

大佛殿十八罗汉像之一　沈子丞　　　大佛殿十八罗汉像之二　沈子丞

1980年，在千手观音殿遗址建千顷云阁，作硬山脊顶，坐北朝南，面阔三间，南有走廊，东西门宕上有砖额"浮翠""骑云"。

原千顷云阁在古塔西，南宋咸淳八年（1272）由住持德厔所建，阁名取苏轼"云水丽千顷"一句。家之巽在《千顷云记》中说："前为轩居，东西以延纳空翠，收拾平远，然后畦畴畎浍之交错，遥岑平湖之隐现出没，风帆陆车、樵歌渔唱之断续欸乃。"沈周尝作《千顷云图》，今藏美国克利夫兰美术馆。在阁中可揽西北田野山水风光。袁宏道在《虎丘》中说："千顷云得天池诸山作案，峦壑竞秀，最可舣客。"沈复在《浮生六记·浪游记快》中也说："吾

千顷云阁内

苏虎丘之胜，余取后山之千顷云一处，次则剑池而已。"原阁在康熙年间划入行宫，遭咸同兵燹所毁。

今千顷云阁西、大佛殿北，有一矩形木构砖亭，鱼龙吻脊歇山顶，即御碑亭。此地本有御书阁，北宋景祐四年（1047）建，元初改为妙庄严阁。明僧良玠重建后，又称万佛阁。崇祯初毁于火。清圣祖南巡，在虎丘留下宸翰，康熙二十八年（1689）于此建御书亭，勒石以作保存。后来高宗也六次临幸，因此御书亭扩建为三座，形成"山"字形。咸同兵燹被毁后，光绪十三年（1887），江苏巡抚崧骏于此建御碑亭。亭内并列诗碑三方：中碑阳面是圣祖的《虎丘》，阴面为高宗的《虎丘云岩寺》；东、西两碑均为高宗诗，东碑为《清高宗奉皇太后游虎丘即景》三首和诗《虎丘山》，西碑为《虎丘寺五叠苏东坡韵》《甲辰暮春上澣六叠苏东坡韵》。两方残碑则嵌在亭后墙上。此亭经1957年重修，于20世纪80年代开放。

五贤堂在御碑亭东南，又称五贤祠，由明万历二十六年（1598）长洲知县江盈科建于平远堂遗址，祀韦应物、白居易、刘禹锡、王禹偁、苏轼五人。崇祯二年（1629），遭火而毁，马之骏重建。岁久倾圮，清乾隆二十一年（1756），元和县学司训费天修重建于东山浜，雷鋐为撰《唐宋五贤祠碑记》。乾隆六十年（1795），移建后山竹亭之北，后来也废圮了。今五贤堂是1982年新建的，作硬山顶，面阔二间。门宕砖额祝嘉所书"旷代风流"四字，堂内悬

御碑

顾廷龙所书"五贤堂"额。主间北墙正中有今人所绘《五松图》。柱联曰:"朝烟夕霭,诸岚收万象之奇,公等文章俱在;雅调元衿,异代结千秋之契,谁堪俎豆其间。"乃明人陈元素所撰,这是有典故的。《百城烟水》卷一中有注"崇祯时,有欲以故宦杂入五贤祠者,陈元素乃题一联"云云,"是议始息"。今联由郑逸梅补书。东侧墙上嵌韦、刘、白三方像碑,西侧墙上嵌王、苏两方像碑。南墙西段嵌置万历三十八年(1610)孙继皋所撰《虎丘重修

韦应物　唐宋五贤像石刻　　　　苏轼　唐宋五贤像石刻

平远堂外

五贤祠记》，1982年在重修小吴轩时被发现。堂西廊壁嵌有两方明碑，一方是崇祯十六年（1643）袁枢所撰《关帝祠阁碑记》，一方是吴一鹏书巡抚陈静斋等人的虎丘诗。

平远堂在五贤堂南。最早的平远堂在古塔之北、原致爽阁旁，元后至元四年（1338）住持普明改建，题额"平林远野"，因为坐落山巅，确可望远。岁久坍圮，至明万历年间，江盈科就在它的遗址上建五贤祠。今平远堂址为关帝祠，崇祯十一年（1638）张国维重修。清圣祖南巡时，赐额"云光台"，后毁于咸同兵燹。1931年，住持宣楞在祠址上建再来室五楹。1997年在再来室原址重建平远堂，借名而已。作硬山脊顶，面阔五间，坐北朝南。门墙

小吴轩外

上为鸡瓦脊玻顶，门内有东西宽 32 米的长方石平台。

　　小吴轩在五贤堂东，临崖而筑，卷棚歇山顶，面阔三间，坐西向东。轩始建于北宋，乃层楼高轩，用木支柱以架岩，凭虚而建，初名小吴会。朱长文在《虎丘唱和题辞》中说："一登此山，坐小吴会，叹赏不已，形于咏歌。"南宋已称小吴轩。范成象在《水陆堂记》中说："架壑为梁，结楼翚飞，直小吴轩相对如翼。""小吴"者，取自《孟子·尽心章句上》"孔子登东山而小鲁，登泰山而小天下"，意谓在这里俯瞰东南，苏州城就显得小了。储大文在《仰苏楼记》中说："过苏而不登虎丘，俗也；登虎丘而不登小吴轩，亦俗也。"轩南有望苏台，为四方形的石砌平台。

万家烟火

　　万家烟火在小吴轩北，坐落山巅东北端，非阁非轩，作卷棚硬山顶半敞式廊庑，面阔三间，坐西朝东。东为一排美人靠，于此放眼远眺，古城内外尽收眼底。

第四章　山后风光

旧时去虎丘后山，从斟酌桥乘船，沿东溪到山北，进三天门，过中和桥登山。如果先到前山，则可从千顷云阁循后山百步趋而下。今三天门已改建为北大门，且前后山有环山路可通。

后山与前山相比，另有一番风光。家之巽的《千顷云记》中说："丈室尽山之背，一目千里，以故逶迤远眺，空蒙浩渺之趣，乃在寺后。"顾诒禄的《静观斋恭记》则说："吴中山水之明丽，莫胜于虎丘。而虎丘之胜，空蒙浩渺，尤在山后。遥望绣壤平畴，纵横交错，青芽黄穗，层叠参差，行帆野艇，出没波间，忽隐忽现。云开雾卷，虞山如拱几案。东眺马鞍，历历如睹。昔人诗谓'虎丘山后胜前山'，不虚也。"民国时周黎庵来游，他在《苏台怀古》中也说："至于山水呢，虎丘是天下闻名的，但照我看来实在太庸俗，只有人迹不到的后山略有些意思。"

按《虎阜志》首卷《后山图》所标注，后山有静观斋

虎丘后山图轴　明刘原起

（即千顷云阁）、御碑亭、致爽阁、三畏斋、十八折、玉兰山房、三元殿、大士庵（即和靖读书台）、陆羽楼、小武当、中和桥和三天门。据《桐桥倚棹录》记载，应该还有响师虎泉遗址、通幽轩、小竹林、韵玉楼等处，但景点不如前山多。前后山景的差异，实与山体的构成和环境有关。前山多泉石而后山多堆土；前山山麓多市廛民居，后山山麓则多水荡田野。风光迥然而集于一山，实在也是虎丘之所以为虎丘。

从历史上看，东晋时前后山麓各有一寺，东寺交通方便于西寺。自白居易开了环山溪，后山就不难去了。五代

后山二月兰

末移寺山上，筑造了走砌石，游人大多由南面上山，后山就冷清了许多。但自南宋尹焞在后山寓居后，吸引了不少士人学子，也就另有一番气象。明洪武至万历200多年间，因南面山街堵塞，就大都改由北面上山，后山就热闹起来了，建筑也大有增加，如有玉皇殿、真武殿、玉兰山房、大士庵、三元殿、祖师殿、陆羽楼等二十八殿。但在清咸丰十年（1860），太平军据山起城后，后山建筑大多被毁。后山的整修是从20世纪50年代开始的，现在看到的规模，几乎都是1980年后陆续重建和重修的结果。

尽管世事沧桑无常，但后山有两处山道始终存在，那就是百步趋和十八折。百步趋是略呈弧形的山道，从今"书台松影"向东南方上行，可通向千顷云阁，石阶共有108级，故称百步。始辟年代不详，想来本是自然山道，铺就一级级石阶应该是明初以后的事，后山三天门成为登临虎丘的主要入口，百步趋就是上山的必由之路。十八折在百步趋之西，这是用黄石条砌成的驳岸，边上有栏杆，随山势高下分为五个阶层，层与层的走势，曲折如"弓"字形，故称十八折。据《虎阜志》首卷《后山图》标示，每层转折都作直角拐弯，可知清代前期已是如此。这是后山另一条登山通道，从小武当攀越十八折，也可到达山顶。

今北大门建于三天门遗址。"三天"，佛道都有此说：佛教称欲界、色界、无色界为三天，道教称清微天、禹余天、大赤天为三天。后山多道教建筑，但云岩寺毕竟是佛

虎　丘

百步趋

十八折

门之地，或正取"两可"之意。三山门不见《虎阜志》记载，或建于嘉道年间。新建北大门共十五间，呈"H"布局，中五间为主门屋，东西两侧次门屋为出入口。前有四柱石碑坊，上题清高宗"海涌岚浮"额，柱联曰："古塔出林杪，青山藏古寺。"系集翁同龢字。门厅北面悬"春秋遗迹"额，下有联曰："虎阜寻游踪，乘兴而来，凭饶看十里烟花，三秋风月；狮峰观对面，会心不远，尽领取云中林树，画里亭台。"此为俞樾旧联，由今人补书。门厅南面悬"吴天蓬朗"额，原为清高宗题行宫内太后宫，据原件仿制。还有季羡林所书"巨丽名山"额，联曰："孤峰涌海，吴王争霸空古今；一塔擎天，剑气冲霄贯白虹。"系集费新我字。

北大门东的东北角山麓，有一片开阔的水面，周围林木蓊郁，临水花岗石平台上有座水榭，卷棚歇山顶，面阔三间，坐北朝南。水榭东、南、西三面有外廊，周有石栏。北墙有窗宕，上悬王世襄所书"揽月榭"额，下有抱柱联曰："杨柳阴中凭栏垂钓，藕花香里倚槛招凉。"本为虎丘旧联，由今人重书。

对直北大门有一座青石拱桥，桥面、桥阶均以花岗石条石铺就，称中和桥，又称小武当桥。过桥即古人说的小武当，其名始见于《百城烟水》，可知清康熙时已有此景。迎面有一四柱冲天青石牌坊，坊额上题"吴分楚胜"四字。武当山是湖北丹江口南的道教名山，古属楚地，"吴分楚胜"意谓这里也有近于武当山的胜概。小武当原有玉皇殿和真武殿。《桐桥倚棹录》卷三中说："玉皇殿，在山北小武当上。明嘉靖三十一年张暐建。前有真武殿，神像皆以青铜为之。"还有翼城会馆、镇江会馆。《桐桥倚棹录》卷六中说："翼城会馆，在小武当山西，翼城县商人建，有关帝殿，俗呼'老山西会馆'。""镇江公所，在小武当，乾隆某年京江商人即大士庵建，仍奉普门大士，僧人主香火焉。"并毁于咸同兵燹。

牌坊后有一群假山，堆叠得玲珑剔透，却又像是天然形成的，其中最大的湖石高达丈余。假山中有一石观音洞，内供石雕海潮观音。田艺衡在《留青日札》卷二十七中说："宋尹和靖拜迎天竺观音在虎丘，每旦顶礼佛，念《金刚经》。"有可能就是这尊观音。今石观音洞仍在，观音像却早已失去了。

从小武当上行，上驳岸石阶平台，就到了通幽轩。通幽轩是宋理学家尹焞寓所的一部分，但原轩在西边，那里最早是王珉的西寺，宋时称西庵。尹焞字彦明，河南人，早年师事程颐。尝应试，见试题为诛元祐诸臣议，不答而出，终身不应举。靖康初，种师道荐召京师，赐号和靖处士。绍兴初，历崇政殿说书、礼部侍郎兼侍讲。上书力斥与金议和，乞致仕。绍兴九年（1139）正月，至平江。黄士毅在《和靖先生年谱》中说："寓居虎丘西庵，扁上方所居之室曰三畏斋。"十年（1140）九月就往桐庐，十二

三天门遗址

揽月榭

年（1142）卒于会稽。虽然他在苏州不到2年，对苏州学界却很有影响。嘉定七年（1214），士人于西庵为他建祠，2年后移建于西庵上方，端平初改为和靖书院。明嘉靖年间仍建祠于原址，遭咸同兵燹毁。

　　1959年，重建通幽轩于今址。此地本是陆羽楼遗址。乾隆五十四年（1789），苏州磨坊同业公所购得其地，建磨坊公所，作为磨坊业集会议事之所。因中奉马牛王神像，亦称马牛王庙。旧时农历除夕，例为清偿一年债务之日，还不了债的人便趁马牛王庙祭神之机，藏身于此，故俗呼此庙为"赖债庙"。今通幽轩就造在庙址上，硬山顶，面阔三间，坐南朝北，东西各有附房一间。

"吴分楚胜"坊

通幽轩东北,有和靖读书台和三畏斋,本都在西庵故址,一度改为大士庵,毁于咸同兵燹。今和靖读书台和三畏斋都是2004年重建的,合称"书台松影"景区。三畏斋作硬山顶,面阔三间,坐北朝南。室内悬"三畏斋"额,乃尹焞自题。"三畏"者,语出《论语·季氏》:"君子有三畏:畏天命,畏大人,畏圣人之言。"廊西南有亭,名松籁轩。和靖读书台在东面平台上,有石桌、石凳,边上大石上篆"和靖读书台"五字。

玉兰山房在通幽轩上方,以朱勔所植玉兰而得名。袁学澜在《吴郡岁华纪丽》卷二中说:"吴中虎阜山后玉兰房之树,宋朱勔自闽所构,未及进御,移植于此。明天启

石观音洞

间，为大风所摧，后复寖长。乾隆初，翠华临幸，时尚未花，吴民窖火烘之，雪蕊齐放，老干被灼枯萎。今孙枝已高数丈，花时素艳照空，望之如云屋琼台，诚胜观也。"徽宗朝，朱勔采办花石，这株玉兰未及进献，就栽种于此。山房始建年代不详。明人陈序炳《虎丘玉兰》有云："琼树迎春发，排枝拂佛寮。"则可知玉兰之侧已有建筑。乾隆十五年（1750），元和知县王明标得知高宗次年早春要临幸虎丘，就重葺了玉兰山房。高宗驻跸虎丘是二月二十二日，并非玉兰花候。于是，王明标令人提前用炭火烘烤，届时花果然开了，但主干被灼枯损，而高宗竟然未到后山来。直到咸丰初，这株玉兰依然花开如云。咸同兵燹后，

通幽轩

玉兰并山房全毁。今玉兰山房建于1959年，坐北朝南，卷棚歇山顶，面阔三间。

分翠亭在玉兰山房西，为六角攒尖顶石亭，1982年建。亭内悬"分翠"额，后有跋曰"虎丘前后山之间种竹为界，筑亭以憩游人。戊辰四月，王西野"，点出了"分翠"的含意。

玉兰山房东，经百步趋，可望见绿树丛中的涌泉亭，那是为纪念南朝高僧惠响而建造的。惠响，吴兴人，俗姓怀。《虎阜志》卷八中称其"常居虎丘，不得甘泉，乃俯地侧听，云：'此有泉，当凿石为井。'泉涌三丈。或谓虎为之跑，因名虎跑泉"。惠响天监中住在西寺，所谓"虎

书台松影

玉兰山房内

跑"，当是他豢养的小虎。不久，他应邀入京说法。梁武帝尊之为师，人皆称其响师，此泉也改称响师虎泉。一说响师别有由来，《吴郡志》卷四十八中说："响大师，昆山惠聚寺石像也。寺创于梁天监中，开山僧乃惠响。今有古石像，在灵山院小洞中。俗人扣之，铿然有声，遂呼响大师。以为山中奇事，甚可笑。"此泉至万历时犹存，上有八角井栏。后一度湮没，明末清初重又发现。顾苓在《泉上留题·序》中说："虎丘西北偏凿地得泉，正当《续图经》所注虎跑泉处，即王随《云岩寺记》中响师虎泉也。"但不久还是湮失了。今涌泉亭建于1959年，为卷棚歇山顶石柱方亭。

西北山麓，今辟一茶室，额题"云在茶香"。环顾四周，南有斜坡茶林，东有一片竹林，西有水塘杉林，北为环山溪，茶室正处于山水幽林之中。

虎丘之产茶，或也甚早。陆廷灿《续茶经》卷下之六著录历代图画，"宋李龙眠有《虎阜采茶图》，见题跋"。虎丘茶以其点之色白，也称白雪茶。冯梦祯在《快雪堂漫录》中谈到虎丘茶时说："子晋云，本山茶，叶微带黑，不甚青翠，点之色白如玉，而作寒豆香，宋人呼为白雪茶。"虎丘茶又称白云茶。《虎阜志》卷六引《府志》："虎丘金粟山房旧产茶，极佳。烹之，色白如玉，香味如兰，而不耐久，宋人呼为白云茶。"迟在明中期，虎丘茶因深受士大夫推崇，声誉日隆。屠隆在《考槃余事》卷三中说：

涌泉亭

"虎丘,最号精绝,为天下冠。惜不多产,皆为豪右所据,寂寞山家,无繇获购矣。"谈迁在《枣林杂俎·中集·荣植·茶》中也说:"自贡茶外,产茶之地,各处不一,颇多名品,如吴县之虎丘、钱塘之龙井最著。"当时虎丘茶树集中在金粟山房附近,即今二山门西偏。僧人在谷雨前采摘,撷取细嫩之芽,焙而烹之,色如月下之白、味如豆花之香,氤氲清神,涓滴润喉,令人怡情悦性。

尽管虎丘茶名擅天下,却未曾入贡,原因大概有二:一是真品稀少,赝种极多,寺僧于虎丘茶树中杂种其他,非专家往往难辨真假;二是不易贮存,得现采现焙,即时

云岩茶园

东方文化符号

云在茶香

虎 丘

烹之，才得佳味。至万历年间，苏州地方长官都以虎丘茶来奉承上司。每到春时，茗花将放，吴、长两县的知县就封闭茶园，当抽芽之时，狡黠的吏胥便逾墙而入，抢先采得茶叶，后来者不能得，便怪罪僧人，常常将他们痛笞一通，还要予以赔偿。僧人不堪其苦，只能攒眉蹙额，闭门而泣。这种状况持续了30多年，僧人无可奈何，只得将茶树尽数拔去。事见文震孟《剃茶说》。想不到，清康熙初，茶树又长了出来。官吏们又重蹈覆辙，巧取豪夺。时汤斌任江苏巡抚，严禁属员馈送，令行禁止。但寺僧看到茶树已经怕了，也懒于艺植，这些茶树便渐渐衰萎了。

虎丘茶的关键，在于采焙。冯时可在《茶录》中说："苏州茶饮遍天下，专以采造胜耳。徽郡向无茶，近出松萝茶，最为时尚。是茶始比丘大方，大方居虎丘最久，得采造法。其后于徽之松萝，结庵采诸山茶，于庵焙制，远迩争市，价倏翔涌，人因称松萝茶，实非松萝所出也。"《茶经》又引其《滇行纪略》说："徽州松萝旧亦无闻，偶虎丘一僧往松萝庵，如虎丘法焙制，遂见嗜于天下。恨此泉不逢陆鸿渐，此茶不逢虎丘僧也。"这段话说得明白，虎丘茶的采焙工艺应用于其他地方，也能制作出色香味俱佳的茶叶来。

为恢复传统名茶，丰富后山景点，2003年在茶室之北栽种了三四千株茶树，次年又增植了千余株，这就是斜坡茶林的由来。

茶室建于1980年，2000年扩建为一组建筑群，有正厅三间、东工作房两间、东南附厅三间和曲廊。正厅面阔三间，主间悬"云在茶香"额，楹联曰"瞻彼西南，林壑尤美；友于花鸟，物我相忘"，均为钱仲联书。另有今人所绘《大方上人焙茶图》等。

第五章　山麓景色

拥翠山庄在二山门内山街西侧,自南向北山势渐高,所以它的建筑呈阶梯形布置,高下错落,以石阶连为一体。其间植有柏、桂、银杏、石榴、黄杨等,绿树掩映,修篁摇曳,以副"拥翠"之意。

这座山庄建于清光绪十年(1884)。是年,内阁学士兼礼部侍郎洪钧丁母忧回籍。一天,他与友人彭翰孙、文焯等同游虎丘,找到了失踪已久的憨憨泉,但看到泉上的西坡很荒凉,于是就共同出资在那里建造了一座园林。杨岘在《拥翠山庄记》中说:"于泉旁笼隙地亘短垣,逐地势高偎,错屋十余楹。面泉曰'抱瓮轩',磴而上曰'问泉亭',最上曰'灵澜精舍',又东曰'送青簃',而总其目于垣之楣,曰'拥翠山庄'。"

抱瓮轩是山庄第一进,大门两侧墙上有"龙""虎""豹""熊"四个石刻大字,为陶茂森书于咸丰八年(1858)。轩作硬山顶,面阔三间,东墙外即憨憨泉,轩后有边门通

拥翠山庄

井台。轩西有一片柏树林，林中有南社诗人陈去病墓，为半圆状砖墓，筑有罗城和墓道，墓碑镌"陈佩忍先生讳去病之墓"，为柳诒徵所书。

问泉亭是一木结构方亭，作卷棚歇山顶，内置石桌、石凳。北面倚岩为墙，嵌置《吕祖百字碑》等。前有楹联曰"雁塔影标霄汉表，鲸钟声度石泉间"，原是清高宗题大雄殿联，由今人补书。亭西、北两面立有湖石数峰，形似龙、虎、豹、熊，花坛中有石榴、紫薇、黄杨等，形成一方雅致的小天地。亭西为月驾轩，硬山顶，半敞式，狭长如舟。主间有"月驾轩"额，陆润庠书联曰："在山泉清，出山泉浊；陆居非屋，水居非舟。"南次间墙上嵌隶书"海涌峰"匚碑，为嘉庆元年（1796）钱大昕所书，光绪十三年（1887）出土，江苏巡抚崧骏特予建屋保护，碑旁有朱福清题识："光绪丁亥十三年得是碑于山麓，请于中丞崧公，建榭护之。名人笔墨，历劫不座，书以志之，永垂不朽。归安朱福清题。"所谓"建榭"，即将"月驾轩"旧额移置此处。

送青簃，硬山顶，面阔三间，前有一字轩廊。本送青簃在灵澜精舍东，为陈恪勤公分祠。恪勤是陈鹏年谥号，其字北溟，湖南湘潭人，清康熙

"海涌峰"清钱大昕书

四十七年（1708）任苏州知府，因多有惠政，城内有祠，为何还建分祠于此呢？原因亦与虎丘有关。据吴翌凤的《逊志堂杂钞》丙集记载，陈鹏年守苏州，重游虎丘，曾赋诗两首，"时总督噶礼务欲尽去僚属之异己者，以两诗为诽谤，逐句旁注而劾奏之，摘印下狱。圣祖谕曰：'诗人讽咏，各有寄托，岂可有意罗织，以入人罪？'命复其官。寻擢霸昌道，仕至河道总督，谥'恪勤'"。陈祠废后，建拥翠山庄，移额于此。1924年苏州镇守使朱熙改作陆文烈公祠。文烈是陆锺琦的谥号，其字申甫，顺天宛平人，清光绪年间先后任江苏粮道、按察使、布政使，宣

统三年（1911）任山西巡抚，全家死于辛亥革命。其子陆光熙是革命党人，从日本赶回来动员父亲反正，也被误杀。祀陆锺琦于此，正是传统"旌忠"的规矩。陆祠废后，仍名送青簃。今厅上有联曰"松声竹韵清琴榻，云气岚光润笔床"，原为清圣祖题行宫联，由今人补书。前侧廊墙嵌碑三方，分别是曹允源撰《虎丘新建陆文烈公祠碑记》、费树蔚撰《陆文烈公祠碑书后》和杨岘撰《拥翠山庄记》。

灵澜精舍是山庄的主建筑，硬山顶，面阔三间，前有界廊，廊前原有柱联曰："水绕一湾，幽居足适；花围四

西溪环翠秋景

东方文化符号

西溪环翠庭院

西溪环翠北隅

壁，小住为佳。"主间悬"灵澜精舍"额，原为俞樾所书，并有跋曰："岁在甲申，文卿阁学、修庭观察诸君访得憨憨泉，遂筑石其上。小坡孝廉以此四字名之。"柱联原为洪钧撰书，曰："问狮峰底事回头，想顽石能灵，不独甘泉通法力；为虎阜别开生面，看远山如画，翻凭劫火洗尘嚣。"联额均由今人补书。

虎丘西南麓，乾隆时有"西溪环翠"一景，见《虎阜志》首卷。西溪即白居易所开的环山溪西段，晚唐诗人皮日休、陆龟蒙曾泛舟其上，有诗唱和。乾隆五十一年（1786），陆龟蒙后裔陆肇域在西溪东南侧建一别墅，其中仿建了甫里陆龟蒙祠中的清风亭、桂子轩、斗鸭池、菊畦、竹堤等

八景。又另建了西溪草堂、环翠阁、四美楼等，还种植不少花木。西溪别墅等建筑毁于咸同兵燹，这一带夷为蔬圃。

2002年，在这里重建西溪环翠景观，次年落成。这一景观可分"镜台云梦""西溪环翠""篱门幽竹"三区。

"镜台云梦"在花神广场，入内即见一古戏台，东有垂花门，西有聆音榭，北有过厅"云髻堆翠"。台南为石板铺地的广场，以供观赏演出。戏台作十字形卷棚歇山顶，台中上方悬"纤歌云遏"金匾，集王宠字。两旁柱联曰："景色本鸿嘉，重来西溪，见八方环翠山如黛；高丘多雅乐，再度清音，聆一片笙歌花想容。"厅堂上方悬"春皋丽瞩"金匾，乃当年清高宗题行宫额。两旁楹联曰："燕语破新寒，望山岭云封生意，远浮春草色；虫鸣入诗韵，看镜台月照瑶琴，音续梦痕香。"厅堂北有一石基厅台，可供小型演出。台两侧有砖细门额"钟灵""毓秀"。东廊垂花门厅内外各悬一匾，东曰"晴峦飞翠"，西曰"坐花醉月"。北廊正中轩屋上悬"云髻堆翠"匾，乃集赵孟𫖯字。东廊端有卷棚歇山顶长方亭榭，上悬仿邓石如金文"聆音榭"额。

"西溪环翠"是依《虎阜志》首卷图仿建，名称亦沿其旧。西溪草堂为其门厅，纹头脊硬山顶，坐东朝西，面阔三间。门额四字，系集祝允明字。门柱联曰："翠岭黄扉，添此处十分风月；清溪白石，问何处一枕烟霞。"门厅内北墙上嵌有白描线刻《西溪环翠》图，南墙上嵌罗哲

西溪环翠雪景

文撰《西溪环翠重建记》。门厅内有小院落,东为廊庑,南有四方形水亭,亭额"清风亭",系集唐寅字。北墙有门宕,入门即进环翠阁主院。院西有南北向曲溪,溪北为方形池塘,池壁刻"斗鸭池"三字。溪南东侧有立石,上刻"流觞"两字。院东侧就是环翠阁,卷棚歇山顶,面阔三间,上下两层。楼上"环翠阁"匾,集文徵明字。楼下柱联曰"茶烟乍起,鹤梦未醒,此中得少佳趣;高风入云,清流见底,何处更着点尘",为启功书虎丘旧联。阁北廊庑中嵌置书条石十方,镌刻皮日休、陆龟蒙、柳如是、任兆麟等有关西溪的诗文。其过厅桂子轩,纹头硬山顶,面阔三间。轩北有六角攒尖顶木亭,有"问樨"额。

"篱门幽竹"，由西溪草堂向东拾级而上即是。这是以竹林为主的景区，修篁绵亘，野趣横溢。南有钱处士墓，墓前有江苏按察使汪志伊题碑。钱处士即钱近仁，乾隆时昆山人，少孤贫，为文盲，徙居郡城，习业鞋匠，业余读书识字，终成为有成就的学者，人称"补履先生"。这一区的主要景点，有竹制篱门、小箟筜谷、绿玉泉等。竹制篱门为双柱竹顶，全竹结构，这是竹林的入口处。小箟筜谷在竹林深处，谷中有架立于池沼之上的廊屋建筑，为仿竹结构，其平面呈凹字形。绿玉泉在南侧竹林中，在2003年施工时被发现，清淤后方知是古井，水质清澄，呈微绿色，芳洌可饮。为保护古泉，今人建造了井台和石

万景山庄正门

栏，并觅得六角形古井栏置其上，上篆"绿玉泉"三字。

虎丘东南麓，古称东山浜。东晋时为王珣别业，其舍宅后，即为虎丘东寺之址。五代末建寺山上后，这里就开始冷落了，但也陆续建有短簿祠、东山庙、大德庵、隆祖塔院等。1950年，东山庙一带划归虎丘中学分部。1980年学校迁徙后，辟建万景山庄。

这座山庄坐南朝北，门前临河处有四柱石碑坊。石坊南额曰"塔影浮翠"，柱联曰"水墨云林画，松风山谷诗"。石坊北额"吴岳神秀"，柱联集清陈鹏年句："春风再扬生公石，落照仍衔短簿祠。"山庄入口为东西两圆洞门，"万景山庄"四字隶书题于门墙正中上方。门厅后有宽阔的长方形门宕，有额"亦山亦水"。入门便有一座大型黄石假山，两股飞泉泻入山前池中，淙淙有声。

拾级北上，为一大平台，上有一座面阔三间的四面厅，作鱼龙吻脊歇山顶。明间前后皆为长窗，余为短窗。堂上悬有大匾，题"万松堂"三字，系集文徵明字。这里本是东山庙遗址，原殿及遗物早已毁佚，惟石狮一对历劫犹存，今移置山庄门外。万松堂后有一厅堂，卷棚歇山顶，面阔三间。周围有檐廊，设砖细坐栏。堂前平台上和堂东外摆满了树木盆景，品种繁多，式样各异。松风明月堂东侧高处有一馆阁，卷棚歇山顶，面阔三间，东西朝向，悬额"集锦阁"。

隆祖亭在万松堂东南，为四角攒尖顶石柱亭，亭中悬

万松堂

万景山庄内

虚云法师1953年所题"天下临济祖庭"额,并跋曰:"《虎丘山志》载,明文震孟氏为隆祖塔院题此六字。院圮书佚,兹特重书,榜诸庭庑,千秋薪火,永式前徽。癸巳春法裔虚云敬志书。"隆祖塔院原址就在此地,有一墓塔,塔前有石坊,上题"临济正传第十二世隆禅师塔",建于南宋绍兴六年(1136),元至大二年(1309)重修,赵孟頫撰塔铭。清乾隆五十一年(1786),僧祖通重建。1966年,墓塔及坊被毁。今在原址建亭,以志纪念。

山庄东南临水处,原有大德庵,即洞明禅师塔院,因圮败不堪,于1955年拆除。旧时近处有瑶碧山房。《桐桥倚棹录》卷八中说:"瑶碧山房,在东山浜,本为瞿氏宅，今为赠君陆敦诗别墅，其嗣观察森重葺，面东临流。春秋佳日，尝延文人学士啸咏其中。联曰：'塔影峦光楼阁上，花辰月午画图间。'董国华书。""上为涵影楼，凭栏遐瞩，烟波渺然。中有微波亭，亭前古桂数株，花时香霏垣外。"可见也是一个胜处。故在建山庄时，就在此新建瑶碧山房等仿古建筑，专门展示水石盆景。今瑶碧山房，作卷棚硬山顶，面阔三间，陈列黄蜡石、英石、木化石、太湖石等山石盆景。山房东侧水池中，建清绮亭，为卷棚歇山顶方亭。又建苹香榭在清绮亭北，为卷棚歇山顶水榭，面阔三间，陈列墨石、黄龙石、白太湖石、三江石、彩陶石、灵璧石等山石盆景。

山庄最北处高坡有围墙，墙外即养鹤涧。墙内有一卷棚歇山顶矩形木亭，坐北朝南。亭内悬额"一览亭"，柱联曰："坐亭尽揽园中景，仰首能观世外天。"亭有三面坐栏，坐此可饱览山庄景色。

今山庄陈列苏派盆景精品 600 余盆，集中体现了苏派盆景的艺术特色。举其代表作，如："虎踞龙蟠"，为雀梅树桩，树龄约 400 年，高 2 米，主干虬曲半卧，叶密而有层次，气韵苍劲，有"雀梅王"之誉；"秦汉遗韵"，为圆柏树桩，树龄约 500 年，高 1.7 米，主干古拙枯凋，但枝叶茂密，如老柯逢春，生意盎然，盆为明紫砂莲花盆，几配古青石九狮墩，明珠古椟浑然一体，可惜今已老枯而死；"龙湫"，为榔榆树桩，树龄约 200 年，桩高 0.79 米，桩干枯朽，皮色斑驳，但枝叶繁茂苍翠，朽干纹理如瀑布下泻，形若雁荡山龙湫，配以明紫砂盆，益感古意森森；"奇柯弄势"，为刺柏树桩，树龄约500年，桩干枯凋，极富沧桑感，侧枝横生，枝繁叶茂，顶冠如盖，生机蓬勃。

近年在山庄东部辟苏州盆景艺术陈列馆，介绍了中国盆景源流及其与苏州盆景的关系，苏派盆景的历史和特色，苏派盆景制作工艺，苏派盆景名家周瘦鹃、朱子安、叶菁等人的贡献，并展示了自明至上世纪的各式盆器精品。

盆景园鸟瞰

第六章　山塘岁华

自唐宝历元年（825）白居易筑武丘寺路以后，这条水陆并行的交通线，就将郡城与虎丘联系起来了。白居易在《武丘寺路》一诗中云："自开山寺路，水陆往来频。银勒牵骄马，花船载丽人。芰荷生欲遍，桃李种仍新。好住湖堤上，长留一道春。"这条武丘寺路，苏人俗称山塘，也称白公堤。赵嘏的《入半塘》中有云："画船箫鼓载斜阳，烟水平分入半塘。"晁迥在《游虎丘诗序》中说："余罢掌赋东阳，归次苏台，时故人王士龙饮饯乎阊门，且曰：'虎丘山寺，吴中胜概，不越数里，可能游乎？'余沛然惬心，诺而偕往。由枝派，乘水舆，啸清风，目幽趣。棹工丛力，叶舟如飞，拂白英以半开，

白居易像
清佚名《历代名臣像解》

萦红树以傍出。篁诣幽境，复无纤尘。"这就是唐宋人经由山塘的记录。

至明代中叶，苏州经济开始复苏，山塘亦渐见起色。王锜在《寓圃杂记》卷五"吴中近年之盛"条说："游山之舫，载妓之舟，鱼贯于绿波朱阁之间，丝竹讴舞与市声相杂。"到了晚明，更形繁华。王穉登在《重修白公堤疏》中说："西接金阊之绣陌，日出而万井莺花；北连海涌之翠微，风清而半空钟梵。买鱼沽酒，行旅如云；走马呼鹰，飞尘蔽日。"范允临在《计部张公重修白公堤碑记》中说："当其盛时，沸天歌吹，扑地闾廛，牙樯拂鸟，锦缆牵烟，银塘委婉，碧树澄鲜，钟声扣白云而欲响，塔影入青汉而

山塘

常悬。"入清后盛况不减。乾隆二十四年（1759），徐扬在《盛世滋生图卷》中对山塘一段做了详细描绘，商铺、货行栉比，酒楼、茶馆林立，除饮食业外，经营门类有药材人参、毛巾扇子、花木盆景、盘盒漆器、细席竹器、名人字画、古玩玉器、京苏杂货、茶食糖果、腌腊水产等。山塘一带更是风流渊薮。钱泳在《履园丛话》卷七中说："时际升平，四方安乐，故士大夫俱尚豪华，而尤喜狭邪之游。在江宁则秦淮河上，在苏州则虎丘山塘，在扬州则天宁门外之平山堂，画船箫鼓，殆无虚日。"蔡云在《吴歈百绝》中咏道："七里山塘七里船，船船笙笛夜喧天。十千那够一船费，月未上弦直到圆。"苏州的两本风月专

金昌佳丽图卷（局部）

虎 丘

七里山塘

著——《吴门画舫录》和《吴门画舫续录》，就是以山塘为主要背景的。

咸丰十年（1860），太平军攻占苏州，山塘东段几乎全毁。苏州陷落后，忠王李秀成发现城乡贸易中断，给军民生活造成困难，于是下令辟山塘为"买卖街"。但战后又式微了。至同光年间，山塘市面才略有恢复，但是烧毁的会馆、寺院、祠庙、老店、园邸等大多没能修复起来。到民国早期，城里观前街、临顿路商市崛起，再加上修筑了虎丘路，山塘不再是城里去虎丘的唯一通道，也就逐渐冷落了。直到20世纪80年代，才开始有计划地保护和建设山塘。

庙会巡游

虎丘山景致灯船图　清光绪年画

　　虎丘山塘一带有些岁时风俗和集市活动，别具特色。

　　先说"三节会"。三节乃指清明、中元、十月朔，都要举行赛会，以祭无祀孤魂。郡厉坛即在虎丘正山门内。《桐桥倚棹录》卷四中说："坛制，累石为之，纵横各三丈，高四尺。"到了那天，苏州府主祭，长、元、吴三县附祭，迎府县城隍神至坛督祭。袁学澜在《吴郡岁华纪丽》卷三中介绍说："吴郡无祀厉坛在虎丘山前，附郭三邑统祭于此。清明赛会最盛，十乡城内外土谷神咸集，游人群聚山塘，名三节会，谓清明、中元、十月朔三节也。先期羽士章奏，吹螺击钹，比户清道焚香，寓钱锡锞，充满衢巷。十乡土谷神及旦升堂放衙，如人世长官制度。有祭祀之责，皆得入坛，谓之督祭。诸神咸执手版，谒城隍神。短簿祠道流以王珣为地主，袍笏降阶迎接。"土坰作为虎丘乡土地神，要下阶迎接来宾。诸神从城里各个地方出来，汇集到山塘，一路走来，排场甚大："走会者戴花枝，捧香炉，裙襦衫帻，色以类从，鬟簪鹭羽剪彩花，雪丝红艳，辉映路衢。色目则有皂隶衙兵，舍人掾吏。健儿手旗，苍头擎盖，牵画舫而陆行，装抬阁而陈戏。箫鼓悠扬，旌旗璀璨，卤簿前行，幡幢林列。男妇充囚，桁杨枷锁，执香随会。小儿之端好者，结束鲜华，站立马背，名曰巡风。"各处还抬出具有特色的造型，"虎丘结麦柴亭，如琉璃黄瓦，光射朝旭。南濠设瓜仁垒，尊罍花石皆以瓜仁钉成。东仓造五谷垒，楼观轩楹具以稻黍粘氎，千奇百变，穷极精巧"。沿途接会人家颇多，"人家皆具香灯迎会，洞去帷囚，玳筵杂陈，笾豆罗列，蜡炬兽炉，香喷苦味云。神舆过门，士女迎拜，谓之接会"。而看会之人，"填溢衢巷，臂倚肩凭，袂云汗雨，不可胜计"。

三节会是明清苏州持续最久、规模最大的赛会，百业兴隆，画舫生意也格外红火。个中生在《吴门画舫续录·纪事》中说："尝以清明、中元、十月朔三节，赛神祀孤于虎阜，舟子藉诸丽品以昂其价。遇赛会日，画船鳞集山塘，视竞渡尤盛。盖竞渡作经旬之约，赛会尽一日之欢，西舫东船，伊其相谑，直无遮大会云。"盛况自可想见。

虎丘山塘还有"三市"，即春有牡丹市，夏有乘凉市，季有木樨市，乃三大集市。春秋两季花市都在山塘，不仅牡丹、桂花也。《吴郡岁华纪丽》卷三中说："虎阜山塘多花市。居民以艺花为业,晓来担负百花,争集售卖。山塘列肆,供设盆花,零红碎绿,五色鲜秾,照映四时,香风远袭。街头唤卖戴花,妇女投钱帘下折之。圃人废晨昏,勤灌溉,辛苦过农事,终岁衣食之资赖焉。"此外还有各种树桩、水石盆景。"至于春之玫瑰、夏之珠兰、茉莉,秋之木樨,所在成市,为居人和糖熬膏、点茶酿酒煮露之用,色香味三者兼备,不徒供盆玩之娱,尤足珍也。"乘凉市则在盛夏。袁学澜在《姑苏竹枝词》中有云:"说书赌曲集名家,荷诞乘凉向水涯。十字洋中停鹢舫,笙歌人隔数重花。"自注:"三伏游人檥画舫于虎阜十字洋,习

采茉莉花 摄于20世纪70年代

清歌赌曲，弹唱新声，清客演说稗传，名乘风凉。"泊舟河岸柳荫下，或作牙牌、叶格、马吊诸戏，或招佳丽，携酒肴，呼朋引类，以凉冰、甘蔗露、西瓜、香瓜、鲜藕为消暑物。木樨市又称桂花节，时金风送爽，正是冶游的好时光。《吴郡岁华纪丽》卷八中说："桥行斟酌，串百颗之骊珠；亭坐可中，听十番之云乐。极烟水画船之趣，见承平盛世之风。钗光鬓影，几乎诳渔子以迷花；歌板酒旗，每致惑钱奴而破产。银河影里，金粟香中，清夜冶游，殆无虚夕，俗谓之桂花节云。"

"三市"而外，还有"龙船市""菊花市"。端午前后，山塘又有划龙船之俗。《清嘉录》卷五中说："男女耆稚，倾城出游。高楼邃阁，罗绮如云，山塘七里，几无驻足之地。河中画楫，栉比如鱼鳞，亦无行舟之路。欢呼笑语之声，遐迩振动。土人供买耍货、食品，所在成市，几十日而罢。俗呼'划龙船市'。"霜降过后，菊花就上市了。《清嘉录》卷九中说："畦菊乍放，虎阜花农已千盎万盂担入城市。居人买为瓶洗供赏者，或五器、七器为一台，梗中置熟铁钱，偃仰能如人意。或于广庭大厦，堆叠千百盆为玩者，绉纸为山，号为'菊花山'，而茶肆尤甚。"

虎丘山塘的节俗何止于此。二月"玉兰房看花"，开花时，素艳照空，风雨过后，落英满地。《吴郡岁华纪丽》卷二中说："闺人拾取花瓣，和粉面蔗霜，下油熬熟，名玉兰饼，以佐小食，亦隽品也。"二月十二百花生日，"虎

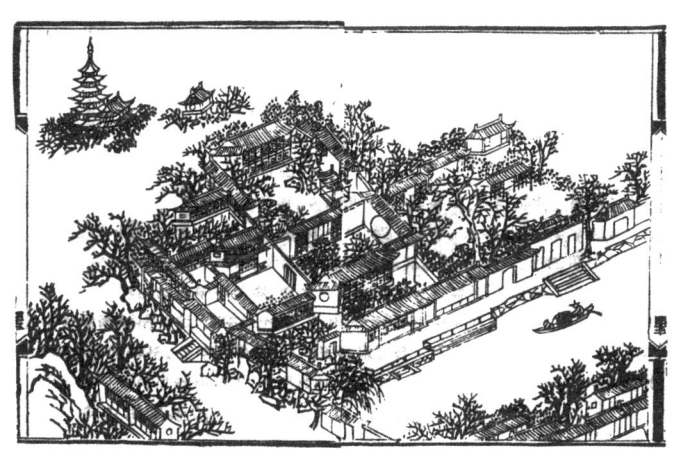

花神庙图　《虎阜志》首卷

丘花农争于花神庙陈牲献乐，以祝神釐"。三月初三上巳日。《吴郡岁华纪丽》卷三中说："节届重三，山塘波绿，白堤士女，竞出寻芳，集池亭流觞曲水，效修禊故事。"四月八日浴佛节，信众结放生会。《桐桥倚棹录》卷六中说："放生官河，旧只绿水桥甘露律院起，至西山庙桥止。"善男信女争向船家买龟、鱼、螺、蚌，口诵往生咒放之。六月伏天有灯船会。《清嘉录》卷六中说："豪民富贾，竞买灯舫，至虎丘山浜，各占柳荫深处，浮瓜沉李，赌酒征歌。赋客逍遥，名姝谈笑，雾縠冰纨，争妍斗艳。四窗八拓，放乎中流，往而复回，篙橹相应，谓之水鏊头。日晡，络绎于冶芳浜中，行则鱼贯，泊则雁排。迫暮施烛，焜煌照彻，月辉与波光相激射。舟中酒炙纷陈，管弦竞奏，往往通夕而罢。"六月廿四荷花生日，旧俗，市民都去葑门外荷花荡去观荷，至嘉道年间转移到了山塘。《吴郡岁华纪丽》卷六中说："今世异时移，游客皆舣舟虎阜山浜，以应观荷佳节。"冬至过后，又是窨花上市之候。《吴郡岁华纪丽》卷十一中说："康熙初，山塘陈维秀始得窨熏之法，腊月中能发非时之品，如牡丹、碧桃、玉兰、梅花、水仙之类，鲜艳夺目。供居人新年陈设之需。"

在虎丘所有节俗活动中，以中秋曲会的文化影响最大。

卖菊花　清周慕桥《大雅楼画宝》

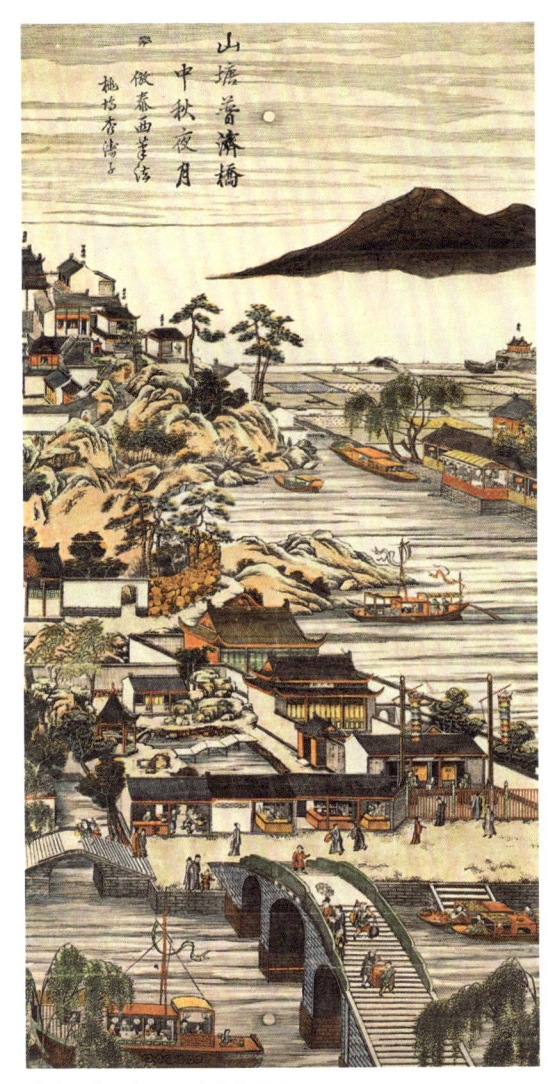

普济桥中秋夜月　清乾隆年画

千人石侧唱昆曲

虎丘戏出泥人

自明嘉靖初兴起，至清乾隆末逐渐消歇，持续270多年，几乎每年举行一次全国赛事，规模宏大，在中国戏曲史上是少有的奇迹。关于虎丘中秋曲会，论者已多，这里只引录张岱在天启某年写的《虎丘中秋夜》，这是一篇记录曲会的场面、过程、气氛，又结合自己亲身感受的佳作。他说："虎丘八月半，土著流寓，士夫眷属，女乐声伎，曲中名妓戏婆，民间少妇好女，崽子娈童，及游冶恶少、清客帮闲、傒僮走空之辈，无不鳞集。自生公台、千人石、鹤涧、剑池、申文定祠下，至试剑石、一二山门，皆铺毡席地坐。登高望之，如雁落平沙，霞铺江上。天暝月上，鼓吹百十处，大吹大擂，十番铙钹，渔阳掺挝，动地翻天，雷轰鼎沸，呼叫不闻。更定，鼓铙渐歇，丝管繁兴，杂以歌唱，皆'锦帆开''澄湖万顷'同场大曲，蹲踏和锣丝

虎丘曲会

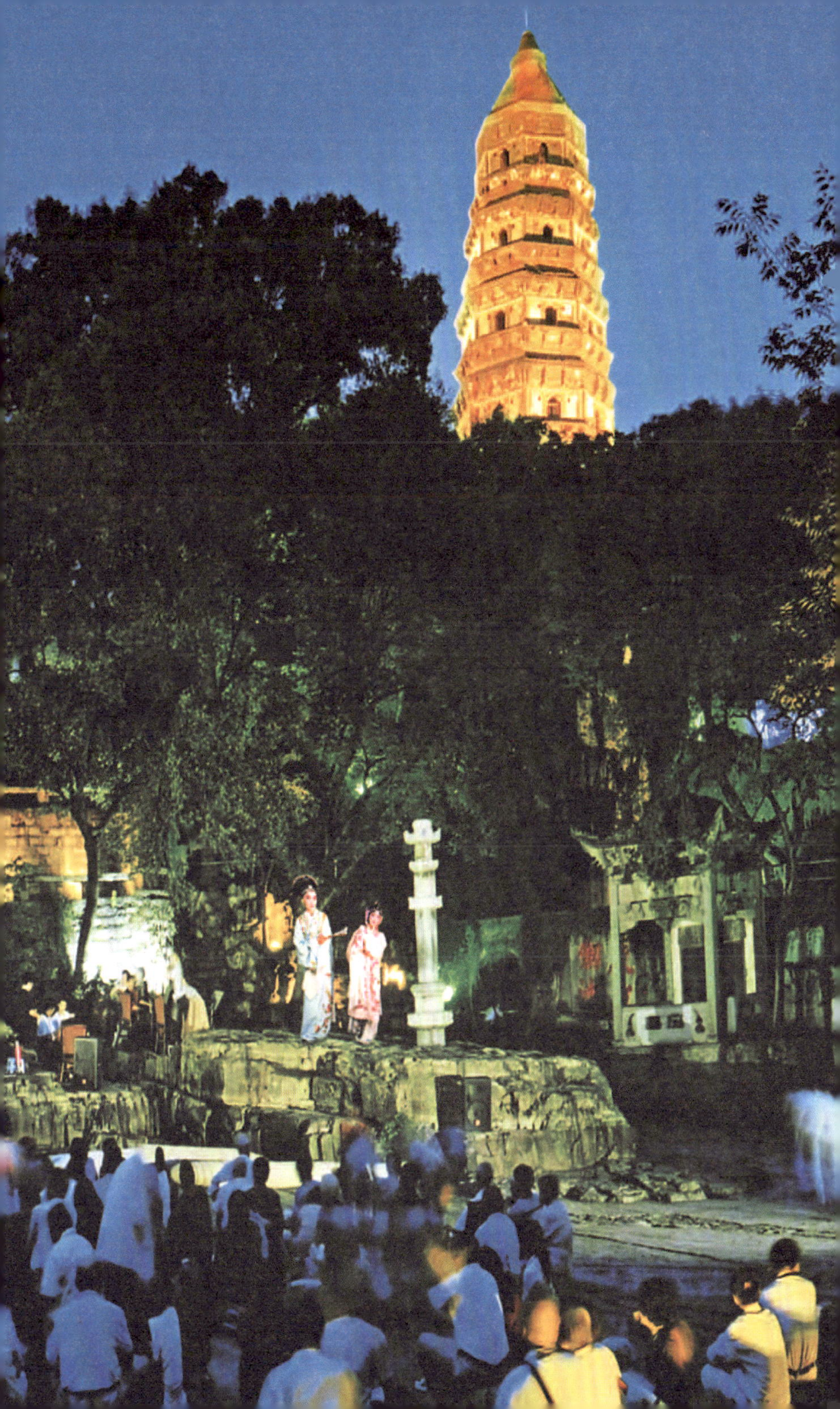

竹肉声，不辨拍煞。更深，人渐散去，士夫眷属皆下船水嬉，席席征歌，人人献技，南北杂之，管弦迭奏，听者方辨字句，藻鉴随之。二鼓人静，悉屏管弦，洞箫一缕，哀涩清绵，与肉相引，尚存三四，迭更为之。三鼓，月孤气肃，人皆寂阒，不杂蚊虻。一夫登场，高坐石上，不箫不拍，声出如丝，裂石穿云，串度抑扬，一字一刻。听者寻入针芥，心血为枯，不敢击节，惟有点头。然此时雁比而坐者，犹存百十人焉。使非苏州，焉讨识者！"清代前期，中秋曲会仍一年一度举行着，但晚明时的盛况不再。至乾隆朝，曲会的规模和内容都起了变化，这与昆曲的发展是一脉相承的。顾禄的《清嘉录》初刊于道光十年（1830），

花会做青团

卷八记"走月亮"时说:"今虎丘踏月听歌之俗,固不逮昔年,而画舫妖姬,徵歌赌酒,前后半月,殆无虚夕。"虽然还有听歌的事,但与中秋曲会已无关系了,因为昆曲已淡出剧坛,即就社会风气、人物态度、场景规模、艺术品藻来说,那更不能同日而语了。

1987年,中秋曲会在虎丘试点恢复。次年,举办首届中秋虎丘曲会。2000年后,中国昆曲节年年在苏州举办,年年都有虎丘曲会,总算将这一演唱昆曲的传统恢复了。

虎丘乃天下名胜,至清代,游人更趋之若鹜,山塘市廛自然格外兴旺。据《桐桥倚棹录》记载,酒楼著名者有三山馆、山景园、聚景园,茶坊著名者有东情园、一同馆,特色商品有仰苏楼、静月轩花露,宋公祠陈皮,以及葵扇铺、线带店、绢人店、画铺、像生绒花铺、紫竹器铺等各有十数家;还有琉璃灯、棕榈蝇拂、影戏、牙筹、席、杖、竹藤篮、竹夫人、葫芦器、洋画、洋琴、自走洋人、竹刻、捏相等行业的店铺。而"虎丘耍货"品类最多。《桐桥倚棹录》卷十一中说:"虎丘耍货,虽俱为孩童玩物,然纸泥竹木治之皆成形质,盖手艺之巧有迁地不能为良者。外省州县多贩鬻于是,又游人之来虎丘者亦必买之归悦儿曹,谓之'土宜',真名称其实矣。"《红楼梦》第六十七回写薛蟠从苏州回家,给宝钗的一箱东西中,就有"虎丘带来的自行人、酒令儿、水银灌的打金斗小小子、沙子灯、一出一出的泥人儿的戏,用青纱罩的匣子装着"。

至于虎丘山塘流行的点心，《桐桥倚棹录》卷十记了不少，有"八宝饭、水饺子、烧卖、馒头、包子、清汤面、卤子面、清油饼、夹油饼、合子饼、葱花饼、馅儿饼、家常饼、荷叶饼、荷叶卷蒸、薄饼、片儿汤、饽饽、拉糕、扁豆糕、蜜橙糕、米丰糕、寿桃、韭合、春卷、油饺等，不可胜纪"。最有虎丘特色的，是蓑衣饼。乾隆时《元和县志》卷十六中说："蓑衣饼，脂油和面，一饼数层，惟虎丘制之。"想来当属烤制酥皮类糕点。清初施闰章在《虎丘偶题》中有云："虎丘茶试蓑衣饼，雀舫人争馄饨菱。"那是有名的诗咏。可惜的是，至乾隆初，蓑衣饼的技艺就失传了。

尾　声

　　虎丘山风景名胜区的综合改造已基本完成了。总的规划由7个景区组成，即原虎丘景区，以及新增的塔影园、花神庙、一榭园、东溪红梅、金鸡墩、南入口6个景区。

　　原虎丘景区不动，仍保持它的中心地位。塔影园景区在东南部，将恢复塔影园、西山庙、李公祠等人文遗迹。花神庙景区在西溪之西，将辟花神庙、花卉观赏园，恢复小普陀、法华庵、乾隆行宫等。一榭园景区在后溪之北，将重建沪渎侯庙、一榭园等，新建授书堂、宝顺斋等。东溪红梅景区在东溪之东，将恢复澹香楼等。金鸡墩景区在山塘河西端，建成后将以展示水乡风貌为主。南入口景区在正山门南，今已建山前广场，有"吴中第一山"石坊、仿古大鼎和"海涌"刻石等，还将增设水上码头、游客中心等旅游服务设施。

　　改造后的虎丘，将呈现以山为主、周边景区众星拱月的大格局，总面积扩大到72.8公顷，为原景区的2.5倍，

千人石上琵琶声

乃是虎丘历史上规模空前的大扩建。这个江苏乃至全国的文化符号,将更加亮丽。

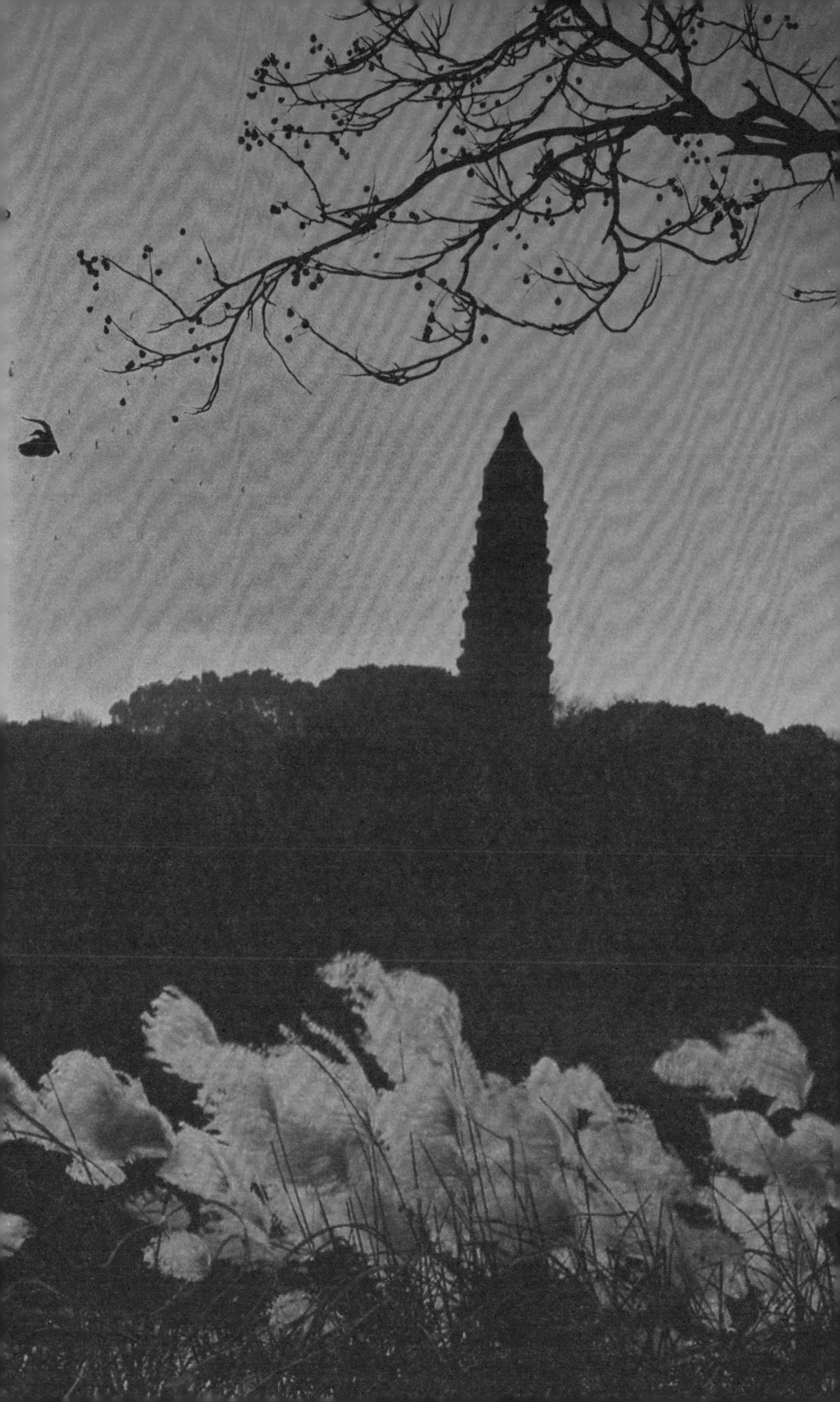